고수는 알고, 초보는 모르는
직장생활 성공비법

고수는 알고, 초보는 모르는

직장생활
성공비법

이종혁 지음

한국경제신문 _i_

"어? 설비가 왜 이렇게 위치가 안 맞지? 이 기사, 인치 렌치(Inch Wrench) 좀 가져다 줘."

"네, 알겠습니다."

'인치 렌치가 뭐지? 그냥 렌치라고 하던데. 잘못 가져가면 지난번처럼 꾸중할 텐데.'

설비 점검을 하는 김 대리의 지시를 받고 공구함 앞으로 뛰어가던 이 기사는 고민에 빠졌다.

'우물쭈물하다가 내 이럴 줄 알았다'라는 묘비명을 쓴 사람이 있다. 95세까지 장수했고, 노벨문학상을 받을 정도로 성공한 분인데도 인생의 끝자락에서 후회가 있는 것 같다. 영국의 유명 극작가, 소설가인 조지 버나드 쇼(George Bernard shaw)가 한 말이다. 우리 모두 우물쭈물할 시간은 없다. 금년은 유난히 변화가 많았다. 코로나 환경에서 기업 및 취업 환경 등 채용 시장도 동결 내지 지연되고 있는 현실이다. 어려운 난관을 극복하고 입사하면 뜨거운 열

정과 희망이 앞선다. 하지만 현실은 녹녹지 않다. 회사라는 환경에 적응하랴, 필요한 업무 배우랴, 다양한 사람과 소통하랴 만만하지 않다. 적응에 어려움을 경험하고, 혼란을 겪으며, 몇 번의 실수로 의기소침한 후배를 보면 안타까운 마음이 있다. "하나하나 제대로 배우고자 하는 태도로 만들어가면 쉽게 적응할 수 있다"라고 말하지만, 여러 번 얘기하면 그마저도 잔소리로 들린다.

25년을 제조 엔지니어로 근무 중이다. 사실 최근 몇 년을 우물쭈물하는 시간을 보냈다. 하지만 어려운 환경에서도 목표를 이루고, 성장하는 인재들을 보면서 '그들은 무엇이 다른가?'를 생각해 보았다. 고민해도 풀리지 않던 의문은 금년 들어 시행한 집중 독서에서 찾았다. 그래서 초급사원이 쉽게 적응하고, 우물쭈물하지 않도록 직장생활에 대한 교과서를 만들고자 이 책을 기획했다.

직장에서의 성공을 위한 자기계발 서적은 많다. 하지만 처세에 대한 내용에서 무엇인가 부족함을 느꼈다. 직장에서의 처세 및 인맥, 사내 정치도 물론 중요하다. 그러나 근본적으로 바른 태도 및 배우고자 하는 열정이 초급사원에게는 더 필요함을 담고자 했다.

1장 '회사생활, 예민해지는 진짜 이유'에서는 직장인이라면 누구나 한 번쯤 겪었을 어려움에 대해 살펴보았다. 2장 '직장에서 인정받는 사람은 따로 있다'에서는 현재 자신의 위치를 돌아보길 조언한다. 내 목표는 바로 설정되어 있는지, 내 태도가 바른지 등 중간점검을 해야 한다. 3장 '회사에서 통하는 일 잘하는 노하우'에서는 일을 풀어가는 기술을 담았다. 회사에서 일을 한다는 것은 소통을 한다는 것이다. 보고 및 고유 업무는 항상 관련된 사람과 소통을 통해서 추진된다. 이 부분에 관련된 노하우를 알려 준다. 4장 '회사에서 붙잡는 1%의 인재가 되는 기술'에서는 생각을 통한 의식을 확장하는 방법을 알려준다. 미래를 먼저 생각하고 계획한다는 것은 무엇보다 중요하다. 잘나가는 인재는 생각의 차이다. 누구나 이 부분을 습관화하면 인재가 될 수 있음을 강조했다. 5장 '최고의 경쟁력, 나 브랜드를 키워라'에서는 끊임없는 자기계발과 새로운 목표에 대해 생각하는 방법을 알려준다. 모든 것의 시작은 한 걸음이고, 처음은 모두가 도전이다.

　오늘도 직장에서 보고, 조사, 연구, 업무 등으로 고군분투하는 이가 많다. 애절한 후배의 도움, 절절한 선배의 아량이 필요한 이

들에게 다소의 도움이 되고자 한다. 더 많은 이야기가 머리에 맴돌지만 지면에 다 담지 못하는 한계도 있다. 이번에 다 담지 못한 해법과 생생한 이야기는 더 내공을 쌓아 공유하고자 한다. 많이 부족한 글인 줄 알면서도 내놓는 이유는 진정한 고수가 되고픈 마음을 담아 후배들의 성장에 밑거름이 되고자 한다. 만약 25년 전 공구 이름도 제대로 알지 못하고 엔지니어로 직장생활을 시작한 내가 이 책을 먼저 읽었더라면, 좀 더 성숙되었을 것으로 생각한다. 직장생활에 정답은 없어도 길은 있다.

마지막으로 글이 나오기까지 많은 조언과 기다림을 준 아내 김현정과 한석, 서연에게 사랑을 전한다. 이 책을 보고 좋아하실 부모님에게도 감사로서 효도하고 싶다.

이종혁

차례 #CONTENTS

4장 │ 회사에서 붙잡는 1%의 인재가 되는 기술

5장 │ 최고의 경쟁력, 나 브랜드를 키워라

1장

회사생활, 예민해지는 진짜 이유

회사생활 예민해지는
진짜 이유

"좋은 아침! 이 대리, 어제 부탁한 불량 조사 어떻게 됐어? 언제까지 될까?"

차 과장이 출근한 이 대리에게 인사하며 묻는다.

"알았어요. 하면 되잖아요? 오전까지 하면 되나요?"
"아주 급한 건 아니야. 오전까지 정리해주면 괜찮을 것 같아."

이 대리의 목소리가 커서 차 과장은 조금 당황했다.

'내가 너무 아침부터 독촉했나? 그냥 잊어버렸나 하고 물어본 건데.'

점심식사도 하지 않고, 이 대리는 비어 있는 회의실에서 눈을 감고 있다. 점심을 안 먹는 것이 아니고 못 먹고 있었다. 속도 메스껍고, 머리도 지끈하다. 어디 특별히 아프지도 않은데 요새 회사만 오면 예민해지는 것 같다. 자꾸 예민해지는 자신을 어떻게 해야 할지 몰라 고민하고 있다.

요즘 제일 아쉬운 게 있다. 바로 회식을 할 수 없는 상황이다. 코로나 때문이다. 올해는 연초부터 사회적 거리 두기를 하면서 회사에서도 회식, 모임을 통제하는 상황이다. 나는 애주가는 아니지만 회식을 좋아한다. 술 자체도 좋지만 이런저런 이야기를 하는 게 좋다. 다양한 이야기를 한다. 때로는 상사 이야기도 하고, 후배들 이야기도 한다. 다 애정이 있고 관심이 있으니 자신의 이야기를 하는 것이다. 술기운에 좋아서인지 회식할 때 보면 모두가 밝은 모습이다. 회식이 좋다기보다는 회사 밖이어서 좋은 게 아닌가 싶다. 회사 밖에서는 무슨 할 이야기가 많은지 목소리를 높이기도 한다.

또 2차로 노래방을 가기도 한다. 여기서 사람들의 진짜 모습이 나타난다. 단지 술기운이 아니고 활달한 본래의 성격이 보인다. 난 노래를 잘하지 못하지만 이런 분위기가 좋아 가능하면 마지막까지 함께한다. 내가 몰랐던 다른 사람의 성격을 알게 되는 경우도 제법 있다. 이상한 것은 다음 날 출근하면 언제 그랬냐는 듯 조용하고, 말 한마디 없는 사람이 많다. 회사는 회사일 뿐이라고 생각하는 것 같다.

회사 밖에서는 멀쩡하다가도 출근만 하면 예민해지는 사람이 있다. 일단 말투에서 짜증이 묻어난다. 목소리의 톤도 높아지고 "왜요?" 하고 되묻는다. 동료들이 접근하기 어렵게 만드는 차단막을 일단 친다. 본인의 몸도 변화가 있다. 머리가 묵직하다고 할까? 지끈거리고 아프다. 속도 메스껍고 불편하다. 마음도 편하지 못해 본인만 피해 보는 듯한 생각이 들어 전화만 와도 예민해진다.

구체적인 이유는 개인마다 다를 수 있겠지만, 이런 사람들은 대부분 '나는 잘하고 있는데 일한 만큼 제대로 인정받고 있지 못한 것 같다'라는 마음속 응어리가 밖으로 표출된 것이다. 특히 그 상대가 상사인 경우가 많다. 누구보다 못하지 않은 것 같은데, 평소 나보다 일도 못 하고 성과도 별로라고 생각하는데, 나만 부당한 대우를 받는다고 생각하는 경우가 많다.

일전에 벼룩시장 구인구직에서 직장인 1,225명을 대상으로 '직장인과 스트레스'에 대해 조사했다. 직장인 10명 중 9명이 스트레스를 받는다고 한다. 스트레스의 주요 원인으로는 '상사, 동료와의 인간관계'가 25.2%로 가장 많았다. 이어서 '과도한 업무량'이 23.7%였다. 스트레스로 인한 변화로는 '성격이 예민해졌다'가 23.3%로 가장 많았다. '만성피로에 시달린다'가 18.8%, '두통, 소화불량이 생겼다'가 17.8%순이었다. 성격이 예민해졌다는 것은 스트레스를 받고 있다는 이야기다.

직장에서 자주 예민해지는 유형은 따로 있다. 회사에서 성과도 내고, 결과도 좋아 개인적으로 만족하는 유형은 예민하지 않다. 주변에서도 일 잘한다고 인정받는 유형인데, 예민하지 않다. 또 회사 일에는 관심이 적고, 주로 자신의 개인적 성취, 성공에만 집착하는 유형이 있는데 역시 예민하지 않다. 또한 회사에 별 도움이 되지 않고 자신조차도 개선하려는 의지가 없는 유형은 제외다. 문제는 회사 일을 열심히 하지만 개인의 성과를 제대로 인정받지 못하는 유형이 있다. 이런 유형은 업무방식이나 개선점을 확인해 볼 필요가 있다. 노력한 만큼 인정받아야 한다. 이로 인한 스트레스, 예민 반응은 개선해야 한다.

나도 예전에 아주 예민하게 생활하던 시절이 있었다. 업무가 어느 정도 숙달되어 아는 내용이지만, 근본적인 개선이 안 되어 반복적으로 문제가 발생됐다. 현장에서 연락이 오면 어차피 임시 대응해야 하니 우선 처리하라고 퉁명스럽게 대응하던 시절이 있었다. 자꾸 연락이 오는 자체가 싫었다. 그러니 동료들과 자주 부딪히게 됐다. 회사에 출근하는 것 자체에 의욕이 없었다. 또 15년 전 과장 진급이 누락되어 속상할 때도 비슷한 경험을 한 것 같다. 이때 점심도 잘 먹지 않고, 혼자 생각을 많이 했다. 점심시간에 회사 주변을 2번 돌았다. 회사가 커서 2번 천천히 돌면서 주변을 관찰하면 1시간이 됐던 것 같다. 지금 생각해보면 25년 회사생활에서 즐거움만 있었던 건 아닌 것 같다. '나는 할 만큼 했다'를 '내가 스스로 만족해보자'로 생각을 바꾸었다. 누군가에게 보여지는 나보다 내가 하는 일에 의미를 부여해봤다. 그렇게 그 시절을 헤쳐 나왔다.

우리가 사는 현대는 예전과 달리 의학이 발달했다. 어디가 아프면 중병이라도 초기 진단만 받으면 고칠 수 있다. 하지만 직장 일로 예민해져 병원에 가면 정상이라고 하거나 큰 문제가 없는 경우가 대다수다. 외형적인 병이 아니라 마음의 병이 아닐까? 대개 걱정과 불안이 있어 예민한 반응을 보인다. 자존감이 낮아져 남의 시선을 의식하는 경우가 많다. 이를 위해서는 생각을 전환할 필요가 있고, 주위 동료들과 관계개선을 해야 하는데 어떻게 행동하는 게 좋은지 생각해야 한다. 분명 불필요한 에너지다. 이를 긍정의 에너지로 바꾸어 줘야 한다.

일단 마음을 비워보라. 한 템포 여유를 가져보라. 미래에 대한 걱정보다는 현재의 일에 집중해보라. 현재 하고 있는 일을 나열해 보고 목표를 재확인해본다. 목표를 위해 지금 할 수 있는 일에 집중해보라. 단 희망사항을 목표로 착각하지 않아야 한다. 희망사항에는 본인의 의지가 없다. 꼭 하고자 하는 의욕이 없다. 목표를 제대로 봐야 한다.

자존감을 높일 필요가 있다. 나의 가치를 타인과 비교하거나 주위에서 이런저런 말하는 평가에 큰 의미를 부여하지 않는다. 물론 쉽지 않은 환경이다. 의지를 다질 필요가 있다. 매번 같은 일을 동일한 방법으로 처리하는 직장생활 방식으로는 변화가 없다. 무엇인가 변화가 필요하다. 긍정의 생각으로 변화한다고 생각하라.

불필요하게 적을 만들지 말자. 쓸데없는 다툼에 관여하지 말라는 이야기다. 자꾸 지지 않으려 언성을 높이고, 트러블을 만들다 보면 부정적인 환경이 가중되게 되어 있다. 차라리 껄끄러운 상대가 있으면 차 한잔 마시는 아량을 베풀라. 먼저 말을 거는 사람이 이긴다. 스스로 헤쳐 나오려는 노력이 있어야 한다. 적극적으로, 다소 인위적으로라도 개선하려는 노력을 꾸준히 하면 긍정적인 환경이 조성된다.

고수는 고수였다. 차 과장은 단번에 이 대리의 상태를 알아차렸다. 식사도 하지 않는 이 대리를 멀리서 보고 있었다. 마치 몇 년 전 자신의 모습을 보는 듯했다. 카톡을 보냈다.

이 대리, 저녁에 소주 한잔 어때?

네, 알겠습니다.

차 과장은 소주를 들이키며 대화를 유도했다. 일단 이 대리의 이야기를 들어줄 심산이었다. 아니나 다를까 이 대리가 하고 싶은 이야기가 많았다. 요즘 결혼 문제로 부모님과도 갈등이 있고, 서 대리와 비교 당하는 것 같아 속상하다는 이야기를 한다. 자기 딴에는 열심히 했는데 주위에서 몰라준다. 마음이 잡히지 않으니 이직도 생각해보고 있다고 솔직히 말했다.

"그랬구나. 몰랐네. 마음고생하는지. 그런데 지금 하는 일이 적성에 맞지 않거나 문제가 있는 건 아니잖아?"

차 과장이 자기의 경험을 예로 들며 긍정의 신호를 보냈다.

직장에 오래 있다 보면 다양한 경험을 하게 되고, 때로는 위기를 맞기도 한다. 말단 직원만 예민해지는 것은 아니다. 선배들은 언젠가 있을 은퇴를 생각하면 하루에도 몇 번씩 깊은 생각에 잠기기도 한다. 세상에는 3무(無), 즉 '공짜, 비밀, 정답'이 없다고 한다. 그렇다. 정답은 없다. 하지만 걱정하고, 예민해진다고 해결되지는 않는다. 적극적으로 개선하려는 의지가 있어야 헤쳐 나올 수 있다. 먼저 편안하게 여유를 가져보자. 목표를 재확인해보고 내가 만든 목표의 일부분이라고 생각해보자. 남을 의식하기보다 나의 가치를 내가 먼저 인정해주자. 곧 알게 될 것이다. 나의 가치가 생각보다 높다는 것을.

우리에게는 인정받고 싶은
욕구가 있다

"어, 안 주임! 벌써 다 한 거야? 역시 빨라. 수고했어요."

총무팀 현 팀장은 팀원들이 다 들리도록 사무실에서 큰소리로 이야기했다. 고 과장은 마치 현 팀장이 자기 보고 잘 들으라고 하는 것 같다. 3개월 전 안 주임이 입사하고부터 사무실 분위기가 달라졌다. 경력 2년을 인정받고 들어온 안 주임은 싹싹하고, 법대 출신으로 다방면으로 박식하며, IT 업계에 있어서인지 PC를 다루는 능력도 우수했다. 회사에 좋은 인재가 들어와 좋아해야 하는데, 팀장의 신임을 다 가져가는 것 같아 마음이 편치 않다. 경력직이라고 해도 아직 초급사원인데, 자신과 은근히 비교하는 것 같은 팀장의 태도도 신경이 쓰였다. 그렇다고 초급사원에게 시기할 수도 없고, 자신이 요즘 인정받지 못하고 있다는 생각으로 잠도 좀 설치고 있다. 누구에게 허심탄회하게 말하기도 힘들어 속으로만 참고 있다. '이러다가는 팀장과의 사이도 더 벌어질 것 같다'라는 생각이 고 과장의 머리에 맴돌았다.

이와 비슷한 경험들을 한 적 있지 않는가? 꼭 신입사원이 아니더라도 직장에서 남과 비교당하는 일이 있다. 많은 사람이 근무하고, 비슷한 업무를 하면서 비교를 하게 된다. 남을 비교하는 일은 결코 좋은 일이 아니다. 더군다나 내가 비교 대상이 된다고 생각하면, 왠지 기분 나쁘고, 심하면 다툼까지 발전한다.

사람은 다 인정받고 싶어 하는 욕구가 있다. 다른 말로 표현하면 '나는 존중받고 싶어'가 아닌가 생각한다. 자연스러운 인간의 욕구다. 그러나 잘 안 되는 것이 또한 사실이다. 좋은 성과, 좋은 결과를 내서 당당해지고 싶으나, 실수가 많고 자존감이 떨어지는 경우가 있다. 하고 싶은 일보다는 해야 하는 일이 많다. 익숙하지 않은 일도 해야 할 때가 있다. 이런 과정을 거쳐 성장이라는 도약을 한다. 물론 순탄하지 않고, 어려운 일도 해내고자 하는 의욕은 어쩌면 더 인정받고자 하는 표출인지도 모른다.

미국의 심리학자인 아브라함 매슬로우(Abraham Maslow)의 '인간욕구 5단계 이론'이 있다. 유명한 이론이다. 자기계발 서적이나 인문학 강의에서 많이 설명되고 있다. 인간에게는 본질적으로 타고난 욕구가 있다. 기본적으로 가장 낮은 계층의 욕구가 충족되면 상위 계층의 욕구를 갈망한다는 내용이다. 인간은 선천적으로 자기실현을 끊임없이 갈망하며 성장한다.

- 1단계(생리적 욕구) : 사람이 먹고, 자는 등 생명 유지와 관련된 욕구다. 우리가 직장에 입사하기 위해 공부하고 노력하는 행위가 우선 먹고살기 위해서가 아닌가?

- 2단계(안전 욕구) : 안전한 생활을 하고 싶은 욕망으로 추위, 질병, 위험 등으로부터 보호하려는 욕구다. 입사하고 나면 끝인 줄 알았는데, 희망퇴직도 있고, 사오정(45세 정년), 오륙도(56세까지 직장에 다니면 도둑)가 있는 현실이다. 안전한 직장, 영속적인 자리가 필요하다.

- 3단계(애정과 소속 욕구) : 집단에 속하고 동료나 연인을 원하는 욕망을 말한다. 어딘가 소속되면 더 나를 알아줄 것 같고, 대세를 잡으면 강한 교류를 통해 나를 확장하고 끈끈한 관계를 맺어 더 성장할 수 있다고 생각하는 욕구다

- 4단계(존경 욕구) : 타인으로부터 인정받고, 존경받고 싶은 욕구를 말한다. 다른 사람과 비교해 자신의 우수함을 드러내고 싶은 욕구로, 승진하면 일부 충족되어 자신감이 상승한다. 직장에서 존중받고, 인정받으려는 이유는 이런 희열을 느끼기 위해서다. 자존감의 상승은 말로 표현할 수 없다.

- **5단계**(자아실현 욕구) : 자신의 재능과 능력을 알아 한계에 도전
해보고 싶은 욕구다. 이때쯤 되면 경제적, 위치적으로 조금
여유가 있고 자원봉사나 기여를 생각하는 시기다. 좋은 면으
로 퇴사 준비가 된 직장인에 가깝다. 당당하게 직장에 다닐
수 있는 직장인의 로망이 아닐까?

이 매슬로우의 '인간 욕구 5단계 이론'을 나는 여러 번 접했다.
단계적 욕구를 갈망한다기에 나는 지금 어느 단계인가 하고 생각
해본 적이 있다. 내 생각으로는 5단계가 다 필요하고, 현재도 진행
중인 것 같다. 새벽에 출근해 정신없이 회의하고, 판단하며, 실행
하고, 지시받고 하다 보면 하루가 지나간다. 나는 5단계가 병렬로
진행되는 것 같다.

- **1단계**(생리적 욕구) : 조금 자조 섞인 표현으로 '먹고살기 위해
다닌다'라고 생각하기도 한다.

- **2단계**(안전 욕구) : '벌어 놓은 것도 없는데 더 다녀야 하는데'
하는 생각을 한다.

- **3단계**(애정과 소속 욕구) : '왕따 되면 안 되는데', '싫어하면 어떡
하지?' 하고 강하게 이야기하지 못하고, 계속적으로 사람들
과 친해지려 한다.

· **4단계**(존경 욕구) : 동료들에게 인정받고 싶어 뒤처지지 않으려고 노력한다. 이 부분에 더 많이 신경 쓰는 것 같다.

· **5단계**(자아실현 욕구) : 지금 이 책을 쓰는 행위가 나에게는 도전이다. 전형적인 5단계가 진행되는 것이다. 버킷리스트 50을 적어 놓은 게 있다. 꼭 모두 이루고 싶다.

직장을 떠나 누구든 인정을 받고자 한다면, 실행력이 있어야 한다. 인정은 결과적 성격을 띠고 있다. 그리고 관계성을 가지고 있다. 우리가 누군가를 인정한다고 하면 우리는 그 상대를 이미 알고 있는 것이다. 가령 '손흥민 선수는 축구 실력이 좋다'라고 한다면 우리가 '손흥민'이라는 선수를 알고 있기 때문에 인정할 수 있다. 아니면 인정하지 않는다고 하더라도 이미 손 선수를 잘 알고 있기에 평가를 내릴 수 있다.

또한 인정을 받으려면 무엇인가 실천을 해야 한다. 결과가 좋든, 나쁘든, 과정이 훌륭하든, 열정적 노력을 보여줬든 말이다. 무엇인가 행위가 있은 후 받는 평가의 성격이 짙다. 아무것도 보여주지 않았는데, 근거 없이 내가 인정받고, 존경받을 수 없다. 먼저 상대방을 존중해주자. 아무리 상사여서 존경하라고 지시해도, 내가 존중하지 않으면, 존중하는 마음이 우러나오지 않으면 어렵다. 부하직원이라도 앞에서는 존중하는 척하지만, 마음속의 진실함을 가지기 어렵다.

초급사원들은 입사하고 나면 누구보다도 잘하려고 한다. 자신의 능력도 인정받으려고 한다. 인지상정(人之常精)이다. 앞서 설명한 대로 좋은 결과, 우수한 성과를 내야 하는데 초급사원은 부족한 면이 있다. 성과는 잘 배워서 나중에 좋은 결과로 연결하자. 신입사원이라면 과정으로 승부하자. 모르는 것은 잘 배우자. 대충 넘어가지 말고, 하나하나 철저하게 궁금증을 가지고 습득하자. 경험하는 과정에 열정을 담고, 노력하는 과정을 보여주자. 배우고자 하는 열정, 좋은 습관과 태도를 갖추면 누구나 인정한다.

좋은 평판을 자연스럽게 받는다는 것은 누구에게 보여주기를 떠나 내 자신이 성장하는 것이다. 자존감이 생기면 자신 있게 일을 추진한다. 이러한 반복을 통해 성장하는데, 좋은 성과, 능력으로 성과가 연결된다. 초급사원은 조급해 하지 말고, 장기적으로 제대로 일하는 습관 및 실천이 필요하다.

고 과장의 태도가 많이 바뀌었다. 긍정적으로 생각하기로 했다. 먼저 상대를 인정하기로 했다. 싹싹하고 일 잘하는 안 주임을 그대로 인정했다. 초급사원이지만 잘하는 면은 선배로서 칭찬해주고, 모르는 것은 배우고자 했다. 특히 보고서 작성에서 필수인 파워포인트 작성은 많은 도움을 받고 있다. 다른 방면으로 고 과장의 단점보다는 장점을 더 잘 발전시키기로 했다. 꼼꼼하고 디테일하게 마무리하는 장점을 이용해 코칭했다. '인정받고자 한다면 먼저 인정하라'는 관련 독서에서 답을 찾아 시행 중이다. 현 팀장에게도 먼저 다가갔다. 그리고 먼저 인정했다. 여러 업무를 챙겨야 하는 바쁜 팀장의 고충을 이해하려고 했다. 내가 도울 일은 없는지, 주간회의에서 추가 지시는 없었는지, 선배사원으로서 고충을 이해하려 했다. 한 달 만에 고 과장의 출근길이 밝아졌다. 부쩍 현 팀장이 고 과장을 찾는 일이 잦아졌다. 일이 늘어나 가끔 야근도 해야 하지만, 마음은 편했다. 내가 회사에 필요하다는 느낌이 든다. 자존감이 높아졌다. 누가 나를 어떻게 보든 내가 인정받고 있다는 생각이 든다.

사람은 인정받으려는 마음이 선천적으로 있다. 꼭 직장만이 아니다. 가정에서도 가장으로서, 아빠로서 인정받으면 좋다. 먼저 존중해주고, 좋은 태도로 솔선수범해야 자신도 인정받을 수 있다. 초급사원이 적응하기 전에 자존감을 잃으면, 자신이 가지고 있는 능력도 다 펼쳐 보이지 못한다. 바른 태도를 어필하라. 특히 배우고자 하는 열정을 가져야 한다. 노력하는 사람은 그 자체로 인정한다. 설사 남이 인정하지 않아도 내가 나를 인정하고, '잘하고 있다'고 생각하면 자존감이 생긴다. 내가 나를 인정한다면 그 무엇이 두려우랴.

초급사원이 서툰 게
당연하지

　회사생활 6개월째에 접어드는 초급사원인 설계 1팀 차 주임은 회사가 조금 불편해졌다. 올해 1월에 입사해 수습 3개월이 지났다. 이후 3개월이 더 지나는 동안 회사 및 부서의 많은 것을 배우느라 정신없이 지내고 있다. 입사 초기 부푼 꿈을 꾸었던 설계 엔지니어의 목표도 변함이 없다. 다만, 같이 입사한 동기가 신경 쓰인다. 설계 2팀의 유 주임은 인정받지는 못했지만, 다른 회사에서 1.5년간 근무한 경력이 있어서 빠르게 적응했다. 그는 "회사는 초기에 큰 거 한 방 터뜨려서 존재감을 나타내야 한다"고 동기들에게 말하고 있다.

　차 주임은 적응하기도 서툰 자신에 비해 앞서가는 유 주임을 보면 '내가 벌써 뒤처지나' 하는 생각이 들었다. 하나하나 제대로 배워 가라는 선배들의 이야기를 듣기는 했는데, 그래도 고민이 깊어진다.

　사람은 누구나 환경이 바뀌면 적응에 시간이 필요하다. 하물며 회사라는 생소한 곳에 오면 적응해야 할 것들이 한두 가지가 아니다. 특히 직장은 자신의 노동을 제공하고 급여를 받는 곳으로, 각자 일을 하는 형태다. 학교, 학원 같이 돈을 주고 스스로 배우는 곳하고는 차이가 있다.

　코로나 시대에 접어들면서 초급사원을 채용하는 회사도 많이 감소했다. 내가 입사했던 25년 전에는 공채라는 채용 방법이 보편화 되어 있었다. 동기들 수십 명이 같이 입사해 공통 교육을 받고 각자 팀으로 배정받곤 했다. 처음 입사하면 "고향이 어디야? 나이는? 부서는? 학교는?" 등 똑같은 질문, 똑같은 대답을 수십 번은 했던 것 같다. 그래서 '차라리 내 소개서를 등에 써서 다닐까?' 하고 생각해본 적 있다. 초급사원이 사람, 환경, 업무에 적응하는 시간이 필요하듯 원래부터 있던 선배들도 초급사원이 궁금하긴 마찬가지다. 회사에서 초급사원에게 요구하는 것은 무엇일까? 실전에 능한 직무능력, 리더십, 자격증, 어학 모두 필요한 덕목들이다.

　최근 취업포털 인크루트가 인사담당자를 대상으로 '신입사원에게 바란다'에 대해서 조사한 결과가 있다. 기업에서 선호하는 신입사원 유형 1위는 '배우려는 태도(24.8%)'였다. 참여 기업은 831곳으로 대기업, 중견기업, 중소기업이 모두 포함되어 있다. 조사에 참여한 인사담당자들은 대졸 신입사원이 갖추었으면 하는 역량 및 태도를 중복 선택했다. 다음으로 '대인관계 및 커뮤니케이션 능력

(23.5%)'이 근소하게 2위였다. 이 외의 항목으로 '시간 관리 및 근태 개념(10.2%)', '회사에 대한 관심(8.7%)', '인사성(5.1%)' 등의 항목이 있었다. 종합하면 인사 담당자 10명 중 7명 이상은 신입사원의 '태도'를 중시하는 것으로 볼 수 있다.

선배로서 오랜 경험을 되짚어 보면, 궁금증을 가지고 배우려는 후배에게 마음이 끌리고, 하나라도 더 가르쳐 주고 싶은 마음이 들었다. 팀에 초급사원이 들어오면 책상을 정해준다. 이후 인사도 하고 사무용품 사용법부터 배운다. 어려운 직무를 배우기 전에 하나를 보면 열을 안다고, 15년 이상 된 선배는 태도를 보면 이 친구의 성실성이 보인다.

초급사원에게 고도의 업무 과제를 해결하라고 하지는 않는다. 서툴러 실수하는 것도 처음 몇 번은 웃으면서 넘어간다. 잘 몰라서 배우지 못해 서툰 것은 배우면 된다. 문제는 배우려는 자세가 안 되어 있으면 난감하다. 직장의 일이란 게 하나하나 배워서 습득하면 해결이 가능하다. 적어도 사원이 불가능한 일을 처리하게 하지는 않는다는 이야기다. 내가 초급사원에게 꼭 하는 이야기가 있다. 궁금해서 배우면 다 알 수 있는 일이다. 어려운 일은 따로 있다. 그러나 불가능한 일은 없다. "아인슈타인(Einstein)의 두뇌로 상대성이론을 찾으라"고 하지는 않는다. "조급해 하지 말고 하나하나 제대로 배우자"라고 말한다.

잘하면 좋은 인상을 남기고, 안 하면 결국은 부정적으로
돌아오는 태도 열 가지

1. 출근시간 30분 전에는 출근하라. 30분 먼저 출근해 일하라
   는 이야기가 아니다. 근태는 조직생활의 기본이다. 스스로
   컨트롤이 가능하다는 것을 보여라.

2. 인사를 잘하라. 인사했다고 싫어하는 사람은 없다. 대부분
   초급사원보다 어른이고, 설사 나이가 어린 사람이 있다고
   하더라도, 인사를 하는 사람은 좋은 인상을 준다. 인사를 잘
   하지 않으면, 초급사원인 것 같은데 인사도 안 한다고 부정
   적인 인상을 줄 수 있다.

3. 업무시간에 딴짓하지 마라. 초기 업무에 익숙하지 않아 고
   유 업무가 없어도, 업무 외 자료는 보지 않는다. 특히 지금
   은 스마트폰을 모두 가지고 있어 쉽게 보는데, 급한 연락 말
   고는 SNS 등 과도한 사용은 자제한다.

4. 큰 목소리로 말하라. 또박또박 말해보자. 우물쭈물한 목소
   리는 자신감이 없어 보인다. 큰 목소리로 명확하게 말해라.

5. 잘 모르는 일은 모른다고 정직하게 말해라. 간단한 사항인

데 모른다고 하면 피해가 있을 것 같아 반사적으로 안다고 말하는 경향이 있다. 그렇게 되면 이후 되묻고, 엉뚱한 일을 하게 된다. 모른다고 해야 정확히 알려준다.

6. 궁금하면 물어라. 배움의 태도를 취하는 모습이 아름답다. 궁금하면 물어서 알려고 해보자. 초급사원은 모르는 게 당연하고, 정확히 아는 게 중요하다.

7. 작은 일에도 감사하라. 누구의 도움을 받으면 "잘 배웠습니다. 도와주셔서 감사드립니다" 하고 진실한 감사를 전해라. 진심이 있는 감사는 상대방도 인정한다.

8. 행선지를 공유하라. 30분 이상 자리를 비우면 반드시 행선지를 알려라. 회의, 타 업무, 교육, 현장 방문 등 목적을 상사, 동료와 공유하는 것은 기본이다. 그렇다고 볼일, 흡연, 잠깐의 휴식, 식사 등 일상적인 것을 알릴 필요는 없다.

9. 복장을 단정하게 유지하라. 단정하고 깔끔한 복장으로 좋은 인상을 주자.

10. 거짓말을 하지 마라. 실수하거나 모르는 것도 진실하게 말하자. 회사는 의외로 좁다. 모르고, 실수한 것은 진정으로

인정하면 오히려 호감을 준다.

설계 1팀 차 주임은 마음이 놓이고, 자신감이 생겼다. 15년 선배 윤 차장으로부터 코칭을 들은 후였다.

"초급사원의 초심은 누구나 잘하려고 하는 마음이야. 당연한 자세야. 그런데 중요한 것은 조급해 하면 안 된다는 거야."

윤 차장은 김이 모락모락 나는 커피를 음미하며, 천천히 설명했다. 그러면서 "뜨거운 커피를 천천히 마셔야 하는 것처럼 일도 서두르지 말고, 제대로 바른 태도로 배워야 한다"고 코칭했다.

사람은 누구나 몸에 맞는 옷을 입어야 품격이 생긴다. 초급사원은 초급사원다우면 된다. 모르는 것을 안다고 할 필요 없고, 한방을 터트려 성과를 내려는 조급함은 접어두자. 배우고자 하는 바른 태도로 한번에 제대로 배우자. 한번 제대로 배운 업무가 직장생활 내내 도움이 된다. 실수는 누구나 한다. 선배로서 아량을 베풀어 보자. 우리도 초급사원 때를 생각해보자. 얼마나 귀엽고 사랑스러운가? 서툰 후배를 잘 가르쳐 보자. 혹시 내가 잘못 가르친 것은 아닌가? 확인해보자. 말 못 할 사정이 있는 초급사원인지 모른다. 내가 받은 만큼 후배에게 몇 배로 베풀어 보아라. 마음이 편해질 것이다.

직장생활 교과서는
어디 있지?

"윤 팀장, 무슨 생각을 심각하게 해? 잘 지내지?"

오랜만에 만난 기획팀 동기가 물었다.

"응, 김 팀장. 잘 지내고 있어. 이렇게 교육이라도 받아야 만나니 너무 오랜만이야."

공장에 근무하는 공무팀 윤 팀장은 연말에 있는 평가로 인사팀에서 팀장 교육을 받고 있었다. 윤 팀장이 잠시 생각하고 있었던 것은 올해 팀에 입사한 송 주임 때문이다. 올 초 입사해 10개월 정도가 되어가는데 적응을 잘 못하는 느낌이다. 사소한 실수로 자신감이 많이 떨어져 있기도 하다. 하나하나 기본 예의부터 가르쳐 주고 있기는 하나, 자꾸 이야기하면서 잔소리로 듣는 것은 아닌지 조심스럽다. "나 때는 이랬어" 하고 말하고 싶지만 전형적인 직장 꼰대로 비칠까 봐 신경 쓰인다. 대놓고 이래라 저래라 하기도 난감하다.

15년쯤 직장에 있다 보면 요즘 초급사원과 격세지감을 느낀다는 사람이 많다. "나 때는" 하고 이야기해주고 싶지만, 고물처럼 취급받을까 조심스럽다. 요즘은 취업하기가 쉽지 않다. 코로나로 취업 시장이 얼어버렸다. 기업도 진짜 필요한 경우가 아니면 위축된 경기를 반영하듯 채용이 축소, 지연되고 있다. 또 한편으로는 어렵게 입사해 퇴사하는 직원도 상당수 있다. 여러 이유가 있을 수 있다. 급여가 생각한 것과 다르고, 여러 환경, 적성, 대인관계 등의 이유로 이직한다. 본인의 생각과 차이가 있어 하는 결정은 차라리 낫다. 하지만 변경된 환경에 적응을 못 하는 이유라면 생각해볼 일이다.

한국 남자라면 대부분 군대를 간다. 흔히 하는 말로 '병장 한 명을 이등병 열 명과 바꾸지 않는다'라는 말이 있다. 여기서는 학력이 높은 사람, 똑똑한 사람, 힘이 세고 근육이 좋은 사람, 오랜 연륜으로 삶의 지혜를 가지고 있는 사람을 말하지 않는다. 개인의 능력은 다 뛰어나겠지만, 군대라는 새로운 환경에 먼저 적응해 경험한 사람을 우선한다는 것이다. 아무리 똑똑한 아인슈타인도 대한민국 군대에 적응하려면 최소 1년은 지나 상병 정도 되어야 군인다운 티가 나고, 요령 있게 업무를 처리할 수 있을 것이다. 그만큼 누구나 적응할 시간이 필요하다.

선배의 눈으로 보면 입사한 지 상당한 기간이 지났어도, 아직 학생같이 직장생활을 하는 직원이 있는 것을 느낀다. 직장과 학교 는 차이가 있다. 환경도 바뀌었으니 하나하나 적응하면 된다. 초 급사원은 초급사원다우면 된다. 모르는 것은 모른다고 말하고, 궁 금증을 가지고 알려고 하는 배움을 갈망하면 된다.

회사에서도 초급사원을 위해 재교육에 많은 비용을 다시 들인 다. 지금은 상당 부분 축소됐지만, 회사별로 초급사원의 적응을 돕는 집합교육을 한다. 직무교육을 통해 필요한 업무교육도 한다. 그러나 이런 교육으로 직장생활에 필요한 정보를 모두 제공하기 는 어렵다. 각 부서 등에 배치되면 나름 멘토를 정해 하나하나 필 요한 업무지식을 가르치며 성장한다. 반대로 초급사원 입장에서는 일하는 데 필요한 교육이 부족함을 한없이 느낀다. 문서 작성하는 법도 생소하고, 보고는 또 어떻게 해야 하는지 도통 어렵다. 태도 에 대해서도 말하는데, 차라리 이렇게 해라 하고 정리된 매뉴얼이 있으면 좋겠다고 생각한다.

내가 초급사원 때의 일이다. 나의 멘토 역할을 했던 대리님의 부재로 내가 관련 부서 회의에 참석해 설비 관리, 보고 업무 등을 수행한 일이 있었다. 막상 닥치면 한다. 그러면서 배우는 거라고 들었다. 하지만 대충 시행착오를 거치며 배우는 것은 아쉬움이 많 이 남았다. '제대로 하는 건가? 맞게는 하는 건가?' 열심히 한다고 하지만, 뭔가 허전함이 있었다. 그래서 잠시 생각했다. 학교에서는 교과서와 참고서로 공부하는데, 직장생활 교과서 같은 것은 없을까? 직무 관련 자료는 규정이나 업무 프로세스가 있지만, 쉽게 적응하기 위한 따라 하면 실수하지 않는 교과서가 있으면 좋겠다고 생각했다. 지금은 초급사원을 가르치는 입장이 되어 보니 많은 것을 가르쳐 주고 있다. 하지만 모든 것을 가르쳐 주지는 못하는 것 같다. 상황별 대응 등 학교는 정해진 지식을 배우는 성격이 있다. 회사에서 하는 일은 모두 다양하고, 벌어지는 일이 정해지지 않은 만큼 모든 상황을 가정한 교육을 알려주지 못하는 한계가 있다.

직장에서 오랜 경력을 가진 분들은 자신의 위치와 상관없이 많은 노하우가 있다. 달리 고수가 아니다. 말하지 않고 내세우기 어려워 그렇지 본인만의 요령이 있다. 하지만 이를 정리해 후배에게 알려줄 필요가 있다고 생각한다. 그것이 장시간 열정을 바친 직장 생활의 노력이 헛되지 않는 일이라고 생각한다. 직장인의 비애는 언젠가는 모두 퇴직을 한다는 것이다. 또 은퇴 후 직장 경험을 살려 같은 일을 하지 않은 경우도 많다. 하지만 직장에서 근무해야 하는 후배는 계속 근무하는 동안 꼭 필요한 노하우인 것이다. 경력자는 알고 있는 노하우를 모두 전수해줄 의무가 있다고 생각한다.

"나 때는 말이야" 하고 따라오라 말하는 꼰대가 당신이 아니길 바란다. 그래서 직장과 학교는 무엇이 다른지 생각해봤다. 학교는 배움을 채우는 곳이다. 순수함이 있고 친구들과 경쟁하지만 대학, 취업 등 목표가 대체로 정해져 있다. 학생이라는 특권도 있다. 회사는 존재 이유가 이윤 추구다. 직장에서 돈을 받는다는 것은 나의 능력과 노동을 제공했다는 것이다. 본인이 맡은 일은 기본적으로 처리해야 한다.

학교생활에는 선생님 또는 교수님이 있어서 본인 중심으로 공부하고 지도를 받는다. 다양한 과목을 공부한다. 교과서, 참고서 등 범위가 한정된 부분을 본인의 노력으로 실력을 발휘할 수 있다. 또 모르면 물을 수 있는 것이 당연하다. 학생이 지불하는 것은 아니지만 배움의 대가를 제공한다.

직장생활은 상사, 동료, 선후배, 고객 등 다양한 사람이 있다. 모든 주변 사람들이 선생님이다. 내가 해야 하는 일이 교과서처럼 정해져 있지 않다. 성과를 위해 창의적인 방법을 끊임없이 연구해야 한다. 항상 겸손한 자세로 배움의 연속이라 생각하고 받아들이는 자세가 중요하다.

학생은 학생 신분으로 때로는 보호받고, 실수도 용서받는다. 직장인은 공인으로서 자기 행동에 책임을 진다. 한 사람의 잘못된 언행이나 실수가 회사에 큰 타격을 주는 경우가 있다. 예의범절, 에티켓 등 상대방을 먼저 생각하는 마음과 자세를 갖추어야 한다. 개인의 능력도 중요하지만 팀워크도 매우 중요하다. 때로는 하기 싫은 일도 해야 하며, 자신을 희생할 줄 알아야 한다. 알아주는 인재는 개인주의적인 사고를 가지고 있지 않은 특성이 있다.

요즘 같이 어려운 시기에 기업은 선택과 집중, 그리고 핵심역량을 갖춘 인재를 요구한다. 변화는 남이 해주는 것이 아니고, 자기 스스로 하는 것이다. 항상 겸손한 자세로 자기 반성과 노력을 할 때 성숙한 직장인으로 성장할 수 있다. 모두 직장생활에서 이해하고 성장하는 자세로 일신우일신(日新又日新)하기 바란다.

윤 팀장은 늦게까지 이것저것 다이어리를 정리하고 있다. 일하는 자세, 마음가짐, 본인 경험을 담은 '직장생활 교과서'를 만들어 보고 있다. 초급사원들이 선배들에게 물어보는 것도 한계가 있을 것으로 생각했다. 초급사원들이 어려운 업무는 시작도 하지 않았는데, 벌써 지치면 안 된다. 사소한 것으로 스트레스를 받을 필요는 없다고 생각했다. 윤 팀장이 경험하면서 겪은 과정을 그대로 후배들이 똑같이 힘들게 경험하는 것은 비효율이다. 별도로 시간을 내서라도 이참에 직장에 쉽게 적응하는 교과서를 만들어 볼 참이다.

어렵게 입사해서 직장생활에 적응하지 못해 어려움을 겪는 후배들이 있다. 앞으로 본인의 역량을 발휘하고, 때로는 어려운 도전 과제를 해결해야 하는 시기가 있다. 일도 접하기 전에 사소한 실수, 환경 적응에 실패하는 초급사원을 잘 인도할 책임이 고수들에게는 있다. "나 때는 이랬어" 하고 알아서 적응하라고 하기에는 환경이 많이 변했다. 초급사원들을 위해서가 아니더라도 고수는 노하우를 전수해야 한다. 고수가 퇴직 시 전할 노하우가 없다면 얼마나 서글픈 일인가. 나는 장시간 일을 하는 동안 노동만 제공했단 말인가? 노하우를 정리해보자. 다시 새롭게 느껴지는 리마인드가 있다. 초급사원들은 우리들의 노하우를 절실히 필요로 한다.

거듭된 시행착오에 낮아지는 내 자존감

"조 주임, 팔레트 도면 좀 빨리 송부해줘요. 현물하고 맞지 않아! 지금 라인이 정지되어 있어!"

전화기로 현장에서 유 반장의 다급한 목소리가 들려왔다.

"네, 반장님 일단 도면 카톡으로 보냈어요. 저도 현장으로 가보겠습니다."

'왜 안 맞지? 어디가 틀린 건가?' 생각하며, 생산기술팀 조 주임의 행동이 빨라졌다. 그러면서 '얼마나 라인이 정지된 거지?' 걱정을 한다. 우선 도면을 챙겨 현장에 도착했다. 이미 분해해 현장 베테랑인 유 반장이 임시로 수정하고 있다.

"반장님, 어디가 안 맞는 건가요?"
"응, 폭이 0.5밀리미터가 큰 것 같아."

유 반장의 말에 조 주임의 머릿속에 뭔가 스쳐 지나갔다. 어제 모양을 조금 개선한 부분이 맞지 않은 것 같다는 생각이 든다. 한 번 더 확실히 체크했어야 했는데, 안이하게 생각한 것이 후회됐다. 개선하려고 변경한 것인데 긁어 부스럼 만든 꼴이 되어버렸다.

사람은 다 실수를 한다. 그런데 잘하려고 하다 더 실수를 하게 되는 경우도 있다. 직장에 갓 입사한 초급사원은 길들이지 않은 망아지 같다. 무엇인가 잘 해보려는 마음은 앞서는데, 아는 것은 없고, 낯선 환경에서 어떻게 해야 할지 모르는 모습을 본다. 모르는 것을 물으며 배우려고 하고, 열심히 하는 친구들을 보면 귀엽게 느껴진다. 대부분의 선배는 더 알려주려 하지 핀잔부터 주는 선배는 없다.

초급사원이 들어오면 내가 조언하는 몇 가지가 있다. 기본적으로 열정을 가져라, 노력해라, 어학 공부를 꾸준히 해라, 목표를 가져라 등 남들이 많이 하는 이야기 말고, 조급해 하지 마라고 한다. 어렵게 입사해서 무엇인가 잘 해보려는 초심을 높이 산다. 어떤 한 방을 터트려 크게 인정받고 싶은 마음도 이해한다. 동기보다 뒤처지지 않으려 빨리 배우려고 하는 마음도 안다. 그러나 빨리 배우는 것보다 중요한 것은 제대로 배우는 것이다. 이런 말을 해준다.

"대학은 길어야 4년만 다니면 되지만, 회사는 한두 해 다니는 곳이 아니다. 주위에 있는 선배들도 10년 넘은 분들이 많다. 조급해서 대충 하려고 하지 않는다. 궁금증을 가지고 제대로 배워라"

그리고 "모르면 모른다고 사실대로 말하라"고 한다. 사소한 것이라도 "이것도 몰라?"라는 말에 자존심 상해서 안다고 하면 안 된다. 모르면 모른다고 말하는 용기가 필요하다. 직장에서 처음 접해서 모르는 것들이 많다. 초급사원이 모른다고 솔직히 말해야 고참들이 알도록 정확히 지도한다. 안다고 하는데 집중해서 알려줄 고참들은 많지 않다. 처음에 제대로 배우고, 습득하지 못하면 나중에 모른다는 이야기를 더욱 하기 힘들어진다. 경험적으로 말하건데, 나중에 반드시 후회한다.

또 "거짓말하지 마라"고 한다. 기업은 끊임없는 판단이라는 시험을 통해 결과를 얻는다. 정확한 판단을 하려면 진실된 근거, 데이터, 논리를 바탕으로 판단한다. 사소한 거짓이 판단을 흐려 나쁜 성과로 이어지는 경우가 있다.

초급사원이 급한 마음에 제대로 배워야 할 기술, 업무, 절차 등을 놓쳐서는 안 된다. 이런 부분들이 미흡해 사소한 실수가 반복되면 힘들다. 본인이 자신에게 실망을 한다. 더 심해지면 자존감이 떨어진다.

한 20년 전쯤 내가 초급사원일 때 제품에 큰 문제가 발생해 회사가 큰 어려움에 처한 일이 있었다. 미국으로 수출되는 제품인데 수량도 제법 많았다. 처음 에러가 몇 번 발생됐을 때 빨리 조치를 했어야 했는데 늦었다. 현장에서 조건을 확인해 달라고 했는데, 바빠서 미처 확인하지 못해 발생했다. 워낙 문제가 커서 한 달 가까이 조사했는데, 그 기간이 너무 길게 느껴졌다. 초급사원 시절이라 교육을 하는 수준으로 마무리됐다. 하지만 내 자신과 타협되지는 않았다. 자괴감이 들었고, 자존심 또한 상처를 입었다. 한 1년은 지난 후에야 사람들의 기억에서 이 일이 사라진 것 같다. 하지만 내 자신이 기억하는 것은 아직도 진행 중이다. 이를 반면교사 삼아 많이 배웠다. 내가 성장하게 된 계기가 됐다. 지금도 작은 실수로 자신감이 떨어진 후배에게 내 경험을 이야기하며 코칭한다.

직장에 있다 보면 실수를 하게 된다. 내 경험처럼 큰 손실로 이어지는 큰 실수부터 사소한 작은 실수를 한다. 메일을 보낼 때 첨부 파일을 빠뜨리고, 오타가 있으며, 수신을 잘못 보내고, 프린트 오류 등 많다. 중요한 것은 오류를 어떻게 하면 줄일 수 있는지다. "실수하니까 초급사원이지"라고 말할 수 있다. 한두 번까지는 변명이 통한다. 하지만 반복적인 실수는 그것밖에 못하는 사람이 되어 좋은 평판을 받지 못하게 된다. 사소한 것부터 챙기지 못하는 사람에게 어렵고, 중요한 일을 맡길 수 있겠는가?

그러니 실수했다고 기죽지 말자. 오히려 실수하지 않으려고 너무 신경 쓰면 다른 일도 안 되고 위축된다. 잘못된 것은 제대로 배우고 자신감을 가져라. 실수는 쿨하게 인정하자. 그래야 뒤끝 없고, 진정성이 느껴진다. 사소한 것으로 신뢰를 잃으면 점점 곤란해진다. 소탐대실하지 않도록 하자. 사람은 부정적으로 생각하면 무의식적으로 그 부정에 관계된 것이 더 많이 상상된다. 긍정적으로 생각해야 떨쳐낼 수 있다. 나는 소중한 사람임을 잊지 말자. 초급사원에게 책을 통한 자기계발을 할 것을 권한다. 인문학도 좋고, 더 추천하는 것은 직장생활, 자기계발에 관련된 책을 추천한다. 긍정적인 사고를 도와주고, 갖가지 실패의 경험이 있다. 사실 회사에서의 성장은 실패를 반성하는 과정에서 배우는 면이 많다. 성장은 70%의 경험과 20%의 조언, 10%의 교육으로 성장한다. 책 속에 갖가지 실패, 도전, 성장 스토리가 있다. 지칠 때 리마인드 해보자.

'1만 시간의 법칙'은 너무나도 유명한 이야기다. 말콤 글래드웰 (Malcolm Gladwell)의 《아웃 라이어》부터 우리나라 작가가 쓴 책도 많다. 어떤 경지에 도달하기까지 대략 1만 시간의 노력이 필요하다는 이론이다. 1만 시간을 달성하기 위해서는 하루 평균 3시간씩 해도 10년이 걸리고, 하루 9~10시간씩으로 해도 3년이 걸린다. 우리는 지금 주 40시간으로 근무여건이 좋아진 상황을 고려하면 대략 4~5년은 같은 일을 해야 전문성을 갖는다는 이야기다. 유명인들도 1만 시간 이상을 노력하며, 수많은 실패와 실수를 통해 성공에 이른다. 우리 초급사원들도 기죽지 말자. 몇 번의 실수, 실패는 있을 수 있다. 처음부터 완벽한 사람이 어디 있는가? 다만 내 실력이 성장하기 전까지 포기하지 말자. 배움을 갈망하는 노력을 기울이면 안 될 일이 없다. 자신감을 가지고 직장생활하자.

의기소침해 있던 조 주임의 마음을 풀어준 것은 유 반장이었다. 유 반장이 커피를 한잔 건네며 말했다.

"조 주임, 괜찮아. 그래도 개선해보려는 노력을 높이 사고 싶어. 다음에도 잘 도와줘!"

"라인이 정지되어서 반장님 실적이 많이 저하됐을 텐데 오히려 이렇게 말해주셔서 고맙습니다."

감사한 마음을 담아 조 주임이 말했다. 실수를 했어도 책임을 지려고 하고, 개선해보려는 조 주임의 태도를 유 반장은 오히려 좋게 보고 있다. 그러면서 자신의 생산 실수에 대해서도 경험을 들어 설명해줬다. 조 주임은 실수 후 마음고생이 좀 있었지만, 오히려 더 많이 배웠다는 생각이 들었다.

초급사원은 환경의 변화도 있고 아직 업무가 서툰 면이 있다. 적응 시간도 필요하다. 시행착오를 겪고 좋아할 사람은 없다. 주변의 시선도 좋지 않다. 오히려 자신의 자존감에 상처를 입는 경우가 있다. 하지만 실수, 시행착오는 배움의 자세로 줄이면 된다. 할 수 있다는 긍정의 생각으로 도전해보자. 의기소침하면 오히려 제 실력을 보여주기 어렵다.

직장은 며칠만 다닐 곳이 아니다. 제대로 하나하나씩 만들어가자. 최소 1만 시간은 열정을 가지고 매진해보자. 사소한 실수에 미래를 준비할 기회를 놓칠 시간이 없다. 자존감을 잃지 말자. 자신을 스스로 존중할 때 타인에게도 존중받는다는 것을 기억하자.

출근하는 발걸음이
한없이 무거운 당신에게

"강 과장, 어디 아파? 얼굴색이 많이 안 좋아 보여서."

출근길, 버스를 기다리며 동기인 이 과장이 물어본다.

"어, 어제 고객과 저녁식사가 있었거든. 좀 늦게까지 있어서. 피곤해서 그런가 봐!"

영업 1팀 강 과장이 버스에 오르며 이야기한다.

"많이 피곤해 보여. 오늘 일찍 퇴근해서 좀 쉬어!"
"고마워. 이 과장 또 봐!"

잠깐 쉬려고 눈을 감았던 강 과장은 강렬한 태양에 눈을 떴다. 마침 뜨거운 햇볕이 내리쬐고 있었다. 차창 밖을 바라보며 문득 '출근하는 발걸음이 깃털처럼 가벼운 사람이 있을까?' 하고 반문 해본다. 사실 어제 과음으로 피곤하기도 했지만, 요즘 무기력함을 느끼고 있었다. 대학 친구 1명은 더 안정적인 직장을 찾는다고 공무원에 도전했다. 또 다른 친구는 공부하는 게 낫겠다고 유학 준비를 하고 있다. 모두 최근에 직장을 정리했다. 친구들의 소식을 들은 후 강 과장의 생각이 늘었다.

'나도 뭘 준비해야 하나?'

코로나로 인해 세상이 많이 변화되고 있다. 그중 하나가 재택 근무다. 내가 있는 직장도 코로나 초기에 재택근무를 실시했다. 재택근무는 우리나라에서 아직 생소한 근무 형태다. 일부 특수직 에서 실시하곤 했지만, 일반 회사에서는 처음인 경우가 많다. 학교에 가지 않는 학생들도 마찬가지 경험을 하고 있다.

나는 25년째 같은 길로 출근하고 있다. 살고 있는 평택에서 서해대교가 한눈에 보이는 평택항 근처 회사까지 왕복 60킬로미터를 운전한다. 출근길 풍경에 다양한 많은 볼거리가 있다. 멋진 서해대교도 매일 보고, 출렁이는 바다는 아니지만 바다도 볼 수 있다. 가장 관심을 끄는 것은 바로 논이다. 도심에서는 볼 수 없는 논을 출근길에 볼 수 있다. 논을 보면 계절의 변화를 느낄 수 있다. 나는 태어난 곳이 서울이라서 쌀이 수확되기까지의 과정을 자세히 보지는 못했다. 하지만 25년간 출퇴근길을 오가며 모내기부터 추수하는 과정까지 일기를 안다. 도심에서 지하철로 출근하는 사람들이 볼 수 없는 소소한 볼거리다.

직장인들은 출근길에 많은 생각을 한다. 회사 일을 생각하기도 하고, 자녀의 성장을 생각하기도 하며, 어제 산 주식을 생각하기도 하고 다양한 생각을 한다. 여행을 가는 길이라면 즐거운 생각과 호기심이 가득할 것이다. 출근은 내가 일을 하면서 일종의 노동을 제공하고, 급여를 받으러 가는 것이다. 일만 한다고 생각하면 즐겁지만은 않은 것이 사실이다.

직장은 자아를 실현하는 곳이기도 하다. 역량을 발휘해 본인에게 주어진 업무를 처리해야 하고, 보다 나은 성과를 통해 인정받기를 원한다. 직장인은 출근하며 꿈꾼다. 성공하는 삶을 원하고 행복을 누리길 원한다. 이를 위해서는 끊임없는 동기부여를 받아야 하고, 현재의 참모습을 봐야 한다. 우리가 안고 있는 현실의 불안함, 반복되는 업무로 인한 싫증과 같은 출근의 어려움을 극복해야 한다. 변화를 통해 긍정을 얻어야 한다.

이런 생각을 해보자. 가족과 행복하고, 오늘도 직장에서 성과를 달성해 인정을 받으며, 사람들과 행복한 대화를 공유한다고. 결국 사람은 배워서 성장한다. 자기계발을 통한 성장을 해야 하는데 '독서'만큼 깨달음을 주는 것도 없는 것 같다.

직장에 있다 보면 대체적으로 가장 중심인 직급이 있다. 바로 과장이다. 경력으로는 7~10년 정도, 실무도 어느 정도 습득해 일 처리도 빠르고, 성과도 제법 스스로 낼 수 있는 실력이 있다. 가정에서는 결혼을 해 어린 자녀가 있다. 회사에서는 눈코 뜰 새 없이 가장 많은 업무를 처리하고, 집에 가면 자녀 뒷바라지에 몸이 열 개라도 모자랄 판이다. 또 맞벌이를 하는 가정이라면, 가사 분담 문제로 와이프와 자주 다툼이 있을 때다. 여러모로 몸과 마음이 힘든 시기다.

한번쯤 이 시기에 이 길이 맞는가 하고 고민하기도 한다. 누구는 잘나갈 때 이직해야 한다고 다른 직장을 알아보는 사람도 많다. 많이 고민되는 시기다. 실제 이직 또는 경력직 시장에서 가장 수요와 공급이 많은 집단이다. 또 회사에서도 가장 채용을 선호하는 직급이다. 일종의 베테랑 실무자 집단인데 인기가 많고 시장에 수요가 많다. 이유는 바로 업무 대체가 가능하기 때문이다. 어느 회사나 다시 들어와서 사람과 업무에 대해서 적응하는 기간이 필요하다. 그 정도 기간은 어느 직장이든 인정해주는 기간이다. 이후 즉시 업무가 가능해 업무에 지장이 발생하지 않는다. 회사 차원에서는 매우 효율적인 직원 영입이라고 할 수 있다. 그래서 이때 많이들 흔들리는 것 같다.

꼭 이직이 부정적이라고 말하는 것이 아니다. 이직할 때는 여러 이유가 있지만, 직장은 조금 먼 미래를 보고 준비할 필요가 있다. 우리는 끊임없이 발전하고 성장하기를 원한다. 긍정적으로 생각하자. 항상 노력하고 준비하면 성장한다. 진정 자신이 찾는 것은 무엇이고, 원하는 것은 무엇인지 확인하자. 자신이 목표로 하는 것이 있고, 이를 찾아가는 과정이라면 흔들리지 않는다. 가을이 오면 매년 고민되는 것이 있다. 내년에는 어떤 계획을 가져야하나? 한 해의 하반기에는 사업계획이라고 해서 내년의 계획을 수립한다. 제조업에서는 생산 관련 지표부터 여러 경비에 관련된 예산을 수립한다. 그러면 나는 어떻게 내년을 준비해야 하는지를 생각한다. 특히 출근길에 생각하곤 했다.

몇 해 전인가도 이런저런 생각으로 출근하는 길이었는데 뜻밖의 선물을 받았다. 전날 밤에 비가 온 뒤여서 그런지 하늘에 크게 뜬 무지개를 봤다. 어렸을 때부터 무지개는 가끔 봤지만 그날 본 무지개만큼 크고 선명했던 것은 없었다. 무지개는 희망과 밝음의 상징 아닌가. 그날 많이 긍정적으로 생각했던 것 같다. '할 수 있다. 해 보자'라는 생각을 하는 계기가 됐다. 그해 가을부터 겨울까지 평소보다 많은 독서를 했다. 주로 자기계발에 대한 책을 많이 독서했다. 성공한 분들의 책도 접했다.

강 과장은 마음이 다소 안정됐다. 출근길이 힘들게만 느껴지지 않았다. 목표가 다시 뚜렷해졌다. "한 분야에서 최고가 되어 보라"는 코칭을 받았다. '고객을 감동시키는 최고의 영업 실력'을 가져 보기로 했다. 관련 서적도 주말을 이용해 읽어 볼 계획도 세웠다. 출근길에 걱정만 앞섰던 마음이 어떻게 해볼까 하는 긍정의 마인드로 변하고 있음을 느꼈다. 그래서인지 오늘 본 태양이 더욱 강렬하게 느껴졌다.

어떤 어려운 환경에서도 긍정과 희망을 잃지 않고 성실히 노력하면 안 될 것이 없다. 인간의 한계는 무한하다. 목표가 뚜렷하면 이뤄진다. 출근길마다 계속되는 무거운 짐을 내려놓자. 되지 않았어도 됐다고 생각하고 그렇게 행동해보자. 각자의 잠재의식은 자기가 생각한 대로 이뤄진다. 생각도 끊임없이 성장한다. 출근길에 미래를 준비하는 긍정적인 생각을 해보자. 오늘도 어제와 같은 출근길인지는 모르지만, 나를 찾는 과정을 지속하다 보면 발걸음이 더 이상 무거워지지 않을 것이다.

가슴이 답답해지는
진짜 이유

　　코로나가 전 세계에 강타한 가운데, 다들 누구도 가보지 않은 길을 가는 것 같다. 불과 몇 년 전까지만 해도 '글로벌, 세계화'가 핵심 키워드였는데 말이다. 1960년대 선거 구호로 '뭉치면 살고, 흩어지면 죽는다'라는 구호가 있었다. 지금은 비대면으로 사람 간 접촉을 꺼리면서 흩어지기를 강조한다. 어떻게 하면 만나지 않고도 생활할 수 있을지 지혜가 필요한 시대다. 글로벌 경제로 확장이 대세였다. 규모의 경제가 압도하는 트렌드에서 질적 내실을 강조하는 경제로 가고 있다. 직장인들의 말 못 할 고충도 같이 커진다.

　　전산팀 이 팀장은 전형적인 추남(秋男)이다. 예년과 다르게 장마가 길었고, 9월로 접어드니 완연한 가을이다. 아침저녁으로 찬바람이 불 때 이 팀장이 느끼는 감정이 있다. 굳이 멀리 가지 않아도, 사무실에서 내려다보이는 조경이 아름답다. '한 달 후면 모두 멋진 옷으로 갈아입겠지? 추운 겨울을 잘 나야 할 텐데' 하고 아름드리나무에게 되뇌어 본다. 그러면서 '나도 잘 견뎌야 할 텐데' 하고 생각해본다. 가을이 되면 이 팀장의 생각이 많이 깊어진다. 올해 25년 차 직장인이다. 전산팀에서 잔뼈가 굵은 속칭 'IT 전문가'다. 하지만 연말마다 있는 구조조정에 마음이 흔들리는 것이 사실이다. 코로나 때문에 더 어려워진 여건을 생각하면 더욱 마음이 답답해짐을 느낀다. IT 전문가로 성장해왔지만 IT 특성상 기술변화가 많아 부족함의 한계를 겪고 있다. '올 겨울은 강추위가 있을 것 같은데' 가을 남자 이 팀장의 생각이 많이 깊어지고 있다.

직장인들에게는 많은 고충이 있다. 어려운 관문을 통과하기 위해 밤낮으로 공부해 좋은 스펙을 쌓아 입사한다. 초급사원은 들어오면 행복 시작인 줄 알았는데, 높은 현실의 어려움을 토로한다. 적응하기 위해 노력한다. 낮은 급여에 실망하기도 한다.

요즘은 초급사원부터 퇴직을 걱정한다고 한다. 하지만 직장생활을 15년 정도 하면 더 현실적으로 생각하는 것 같다. 직장에 다니면서 자기계발을 잘해 경제적 여유를 준비하는 분들도 꽤 있다. 상당히 부러운 분들이다.

나도 올해 25년 차 직장인이다. 제조 엔지니어로 근무했다. 내가 입사할 때는 그래도 희망퇴직, 구조조정 등이 키워드인 시절은 아니었다. 흔히 이야기하는 'IMF 이전 세대'다. 사실 급여도 지금 초급사원들처럼 고민하지 않은 것 같다. 그냥 주면 주는 대로 받았다. 돈도 있고, 배우는 즐거움도 있으며, 저녁에 남는 시간도 있었다. 일하는 어려움이 있었지만, 노는 재미도 있어 스트레스는 크게 없었던 것 같다. 아니 지금에 비해 적었다는 표현이 맞을 것 같다.

요즘 "나 때는 말이야. 그때는 이랬어" 하면, '꼰대' 소리를 듣는다. '나는 아닐 거야' 하고 생각하지만, 후배들 입장에서는 '꼰대'다. 격세지감(隔世之感)을 느낀다. 연말이면 구조조정 생각을 안 하는 것은 아니다. 하지만 표현을 잘 하지는 않는다. 지인들과 술 한 잔을 하는 기회가 많은데, 이때 꼭 마무리는 미래의 걱정이다. 그래도 이야기를 하다 보면 동병상련(同病相憐)이라고 했던가? 마음이 다소나마 풀린다. 고마운 존재들이다.

미국의 헤드헌터이며 커리어 전문가인 스티븐 비스쿠시(Stephen Viscusi)가 쓴 《직장인 생존 철칙 50》의 부제는 '하늘이 무너져도 살아남는'이다. 이런 방법만 안다면 직장인에게 솔깃한 내용이 아닌가 생각한다. 이 책을 읽으며 공감되는 내용이 있었다. 여기서는 크게 네 가지 전략으로 나온다. 1전략은 눈에 띄게 일하라(Be Visible), 2전략은 회사나 상사에게 다루기 쉬운 직원으로 보여라(Be Easy), 3전략은 회사에서 꼭 필요한 사람이 되어라(Be Useful), 4전략은 늘 준비하라(Be Ready)다.

흔히 하는 말로 '직장인들의 가장 좋은 재테크는 바로 직장 오래 다니기'라는 말이 있다. 사람들은 준비 없이 그만두면 당장 월급이 없기 때문에 경제적으로 손실이라고 생각한다. 그런데 세상이 그렇게 호락호락한가? 특히 머릿속에 기억이 남는 것은 4전략인 '늘 준비하라'다. 앞부분은 초급사원들이 더 공감할 것 같다. 나는 쉼 없는 자기계발로 변화의 상황에 늘 대비를 하라는 내용이 좋았다. 무엇을 하든 준비하는 자세 그것 자체로 경의를 가진다.

사실 무엇을 뚜렷하게 준비하는 것은 없다. 그래서 불안한 마음에 책을 많이 읽고 있다. 자기계발에 관한 독서를 집중적으로 하면서 반성을 많이 한다. 더 일찍 초급사원 때부터 다독을 할 걸 하는 마음이 있다. 하지만 지금이라도 독서라는 좋은 습관, 취미를 가져 기쁘다. 공부에는 끝이 없다고 하지 않는가? 늦었다고 생각할 때 시작해도 늦지 않다고 어르신들이 이야기한다. 현실이 답답한 이유도 미래에 대한 불안 때문이다. 계획하는 목적이 있다면 실행에 대한 다소의 우려가 있을 뿐, 가슴이 답답하지는 않다. 계획 없이 답답하다고, 현실만 탓한다고 나아지지 않는다. 늦었다고 두려워 말자. 40대, 50대라고 해서 도전과 실패를 피하지 마라. 퇴직 후에도 인생은 길다.

'다마스커스 칼'이라는 강철 칼이 있다. 시리아 다마스커스라는 지역에서 생긴 이름이다. 일반 칼과 달리 철을 여러 겹 포개어 1,500도에서 여러 번 달구었다가 두들겨 만드는 칼이다. 문양도 아름답고, 강철로 인기가 좋다. 명품 칼로 가격도 고가다. 갑자기 웬 칼 이야기인가 할 것이다. 1년 전 우연히 TV에서 이 칼을 만드는 장인이 소개된 적이 있다. 청주에서 대장간을 운영한다. 정경희 장인이라고 원래 직업은 미용업에 종사했단다. 우연히 다마스커스 칼의 매력에 빠져 독학으로 공부해 온전히 수작업으로 제작한다. 내가 공감한 내용은 생소한 다마스커스 강철 칼이 아니었다. 본래의 직업에서 벗어나 나이와 상관없이 좋아하는 직업을 찾아 과감하게 도전하는 장인의 실천이 눈에 띄었다. 실패를 두려워 말자. 가을은 독서의 계절이라고 한다. 대형 서점이나 도서관에 가보면 유난히 가을에 독자가 많다. 하지만 코로나 영향으로 비대면이 강조되면서 상황은 좀 달라졌다. 주말이면 가는 동네 도서관이 예약 대여만 가능하도록 변경되어 불편함을 감수해야 한다. 그러나 참고 같이 인내할 수 있다.

전산팀 이 팀장에게는 독서를 통한 자기계발 처방이 내려졌다. 이 팀장은 독서를 위해 계획을 수립하는 중이다. 우선 자기계발과 성공학에 대한 책을 읽어 볼 예정이다. 또 장기를 살려 IT 관련 서적을 좀 더 보고 공부할 예정이다. 이미 몇 권의 책을 읽으며 마음의 안정을 찾은 것 같다. 구조조정은 내가 어떻게 할 수 없는 부분이라고 생각한다. 퇴근 후 책을 보는 재미에 푹 빠졌다. 당분간은 책에서 답을 찾아볼 계획이다.

사람들은 계획이 없으면 불안한 게 사실이다. 특히 직장에서 오래 근무한 경력자들은 늘 불안감에 노출되어 있다. 경제적으로 여유가 있는 사람은 다르겠지만, 대다수가 신경 쓰이는 상황이다.

수도선부(水到船浮)라고 물이 차오르면 배가 뜬다. 준비된 자에게 기회가 온다. 답답하다고 한탄만 하지 말자. 지금이라도 무엇을 할 것인지를 준비해보자. 답이 없다면 다독을 해보길 권한다. 책에는 생각보다 다양한 방법이 있다. 여기에 실천하고자 하는 의지를 더해보자. 가슴이 답답했던 이유가 풀릴 것이다.

2장

직장에서
인정받는 사람은
따로 있다

열심히 하는 사람 말고, 잘하는 사람이 되라

> 조 대리, 상반기 매출 실적을 정리해 달라는 지시입니다. 가능한 빨리요.

점심식사 중 기획 1팀 조 대리는 휴대폰을 보고 긴장하고 있다. 우 팀장으로부터 카톡 메시지를 받았다.

> 네, 알겠습니다.

조 대리도 바로 답신을 보냈다. 점심 이후에 있는 회의 및 교육, 다른 보고 업무를 취소하고 팀장이 지시한 업무에 들어갔다.

열심히 한다고 매출 실적을 재무팀 자료와도 비교해볼 생각으로 요청한 상태다. 이사님이 보시는 자료니 잘 보고해서 이번에 좋게 보이려는 욕심도 있었다. 그날은 밤늦게까지 보고를 준비하느라 나름 최선을 다했다. 다음 날, 퇴근 무렵 팀장이 물었다.

"조 대리, 어제 이야기한 보고자료 어디까지 됐나요?"
"네, 팀장님. 10분 후 보여드리겠습니다."

조 대리가 가지고 온 보고서를 보고 팀장은 식은땀이 나기 시작했다. 내일 아침 바로 보고를 해야 하는데 어떻게 해야 할지 막막했다. 조 대리에게 요구했던 것은 '상반기 글로벌 매출 및 이익 실적을 정리하고 작년과 비교하는 일'이었다. 통상 상반기에는 이렇게 보고했고, 내일 6개월 만에 오시는 사장님에게 하는 보고라 중요한 사항이었다. 결국 조 대리에게는 수고했다고 말하고, 우팀장이 밤을 새며 보고 자료를 만들었다.

상황은 조금 다른지 모르겠지만 직장에서 흔히 일어나는 일이다. 열심히 했지만, 결과는 엉뚱한 것을 가져오는 경우다. 왜 이런 일이 벌어질까? 아무래도 초급사원에게 이런 일이 많이 벌어진다. 의욕은 앞서는데 업무 스킬은 부족하고, 관계성도 낮아 물어보기 힘들다. 본인은 나름 열심히 한다고 했는데, 요구하는 결과와는 다른 성과를 내는 일이 많다. 누구의 잘잘못을 따지기 전에 직장에서는 손실이다. 이 부분을 이번에 짚어보자.

열심히 노력하지 않는 직원이라면 자질 문제이니 다른 처방이 필요하다. 하지만 열심히 한다고 정성을 들였다면 지시한 사람의 스킬도 점검해봐야 한다. 일은 귀하게 줘야 정성 들여 귀하게 가지고 오는 법이다. 지시받는 사람의 능력, 현재 업무량, 누가 적당한지 등을 고려하지 않고, 아무에게나 시키면 거기에 걸맞게 가져온다. 특히 일을 줄 때는 정확한 전후 사정을 공유해야 한다. 내가 당신에게 이 일을 맡기는 이유는 무엇인지 말이다. 또 목적, 목표는 무엇이고, 방법을 안다면 전체적인 가이드라인을 공유하는 것이 중요하다. 지시받는 사람의 역량이 충분한지, 현재 맡고 있는 업무를 고려해 추가 업무량을 고려해줘야 한다. 가령 다른 업무가 있지만 더 중요한 업무를 부여할 경우 이전 업무를 조정하거나, 연기해줘야 한다.

업무를 줄 때의 동기부여도 필요하다. "자네가 이 일을 할 수 있는 적격이야", "한 단계 더 높은 수준의 업무를 새롭게 도전해보는 것은 어때?" 하고 동기를 높여줄 필요가 있다. 계속적인 관심을 줘야 한다. 진행사항은 어떤지, 본인이 힘들어 하지는 않은지, 감내할 수 있는 수준인지, 필요한 사항은 없는지 등이다. 요즘은 SNS 등이 발달되어 이들을 이용해 업무지시를 하는 경우도 많다. 특히 카톡이나 메일을 이용해 업무지시를 하게 된다. 간단한 업무라면 무방하겠지만, 중요하고 긴급한 업무는 SNS, 메일 등으로 지시를 했다고 하더라도 구두로 정확히 현황, 이유, 목적, 방법을 설명해줘야 한다. 일은 황금을 주듯 귀하게 줘야 한다.

나도 카톡을 이용해 공유 및 지시하는 경우가 있다. 전체에게 공유하고 "무엇을 해주세요" 하면 서로 눈치 보기 바쁘다. 누가 할 것을 명확히 하지 않으면 미루고 싶은 마음이 있는 것 또한 사실이다. 지시하는 사람의 방법에 문제가 없는지 생각해볼 일이다. 일방적 지시보다는 역시 마음을 통한 설득이 우선이다. 지시받은 일을 내 일로 여기면 충분한 동력을 받는다.

일 잘하는 직원은 따로 있는 것 같다. 대체로 일을 조급히 배우지 않는다. 좀 따진다는 이야기다. 시급해서 긴급하게 대응하더라도, 제대로 배우려고 한다. 본인만의 방식으로 재정립해본다. 반면 그때그때 임시로 처리하다 보면 잘하는 것처럼 보인다. 하지만 조금 다른 방식이나 깊이 있는 질문을 하면 막힌다. 본인만의 방식을 만들지 않았기 때문이다.

무엇인가를 잘한다는 것은 일반적인 방법보다는 다른 점이 있다는 것이다. 우리가 흔히 직장에서 많이 쓰는 엑셀이 있다. 워드 및 수식에서는 뛰어난 프로그램이다. 엑셀에는 수많은 기능이 있다. 보통 수준의 사람들은 마우스를 이용해 명령어를 클릭해 사용한다. 보통 세네 번은 더 클릭해야 하는데, 잘하는 사람은 우선 단축키를 사용한다. 속도 면에서 차이가 나고, 또 매크로 등 함수를 이용한 중요한 기능을 제대로 배워서 사용한다. 일반적인 워드 및 수식 정도만 사용하는 사람과는 차이가 있다. 엑셀을 잘 다루는 사람은 보통 사람보다 제대로 배워 능숙하게 노력한 사람이다.

앞서 일을 고민하지 않고 귀하게 주지 않으면 그 수준에 맞게 한다고 했다. 일을 받는 사람에 따라서도 차이가 난다. 일 잘하는 사람은 대충 일을 받았다고 하더라도 본인의 지식으로 재해석한다. 왜 이 일을 하는지, 어떻게 해야 하는지, 생각한 것이 있는지, 언제까지 해야 하는지를 물어본다. 본인이 이해하려고 노력한다. 특히 초기 콘셉트와 지시한 내용이 맞는지 확인해서 방향성을 점검한다. 지시받은 일을 제대로 하며, 공부를 게을리하지 않는다. 특히 대충하는 것을 싫어해서 잘하는 사람에게 물어보는 특성이 있다. 일의 완료에 의미를 두기보다 일의 품질(Quality)에 중점을 둔다.

일 잘하는 사람은 피드백 받기를 이용한다. 완료할 때도 퇴근 무렵에 메일로 툭 던지듯 하지 않는다. 가능하면 오전에 피드백을 받아 보완해 완성한다. 앞으로 나아가기도 힘든데, 다시 하는 비효율을 줄이려는 노력이다. 그래서 중간 보고를 적절히 이용하면 마법처럼 끝이 빨라질 수 있다. 기본을 지키는 것 또한 중요하다. 엔지니어라면 도면, 원리, 근거, 데이터 등 기본적인 사항을 귀하게 여기고 점검한다. 기본이 몸에 배어 있어야 제대로 배우게 되고, 일 잘한다고 인정받게 된다. 모든 직장인은 인정을 받고 싶어 한다. 제대로 된 기본은 인정의 핵심이며, 기본을 충실히 실천한다면 해내지 못할 일이 없다. 우리가 목표를 이루고자 할 때 어려움이 생기면 기본을 점검하는 것이 해결에 도움이 된다. 제대로 배우는 기본기는 단순한 기초가 아니고, 자신을 성장시킬 수 있는 기회가 될 수 있다. 어떤 일이 주어지든지 탄탄한 기본기를 학습하는 실천을 한다면 어떠한 어려움이 있더라도 회사가 필요한 인재가 될 수 있다.

기본을 강조하는 것은 우리도 잘 알고 있는 상황이 있다. 2002년 월드컵 때 온 국민이 좋아했던 명장 히딩크(Hiddink) 감독은 국가대표팀을 맡으면서 축구 기술이 아닌, 체력 훈련에 주력했다. 그는 기본을 강조한 것으로 유명하다. 그때 우리 팀은 연장전을 많이 한 팀 중 하나였다. 후반전이나 연장전에 가서도 지칠 줄 모르는 체력에 다른 나라에서도 감탄하곤 했다. 그 이후 스포츠에서 체력에 강점을 둔 기본기 향상이 유행했다.

초급사원의 마음에는 조급증이 있다. 빨리 알고 싶어 하는 욕구가 있다. 그런데 '수박 겉핥기'라는 말이 있다. 업무를 눈에 보이는 것으로만 처리하면 단기간에는 인정받고 빨리 처리할 수 있다. 하지만 여기에 현혹되는 과오가 없기를 바란다.

우리는 단기를 보는 것이 아니다. 장시간 일을 하려는 사람들이다. 단기간 처리 후에는 깊은 내면의 복기를 통해 내 것으로 만드는 습관이 무엇보다 중요하다. 계획적이고, 장기적으로 업무를 제대로 익혀야 한다. 경험하는 중요한 사항을 정리하고 기록하는 것 또한 중요하다. 흔히 학창시절에 공부 잘하는 친구들은 깨알 같은 자기만의 노트가 있지 않은가? 직장에서 하는 일은 한 번 하고 끝나지 않는다. 반복되는 업무가 많다. 한 번 할 때 제대로 배워 기록해두면 다음에 할 때는 찾아서 정확히 처리할 수 있다. 여기에 본인만의 생각을 더해 노하우를 만들면 일을 제대로 배웠다고, 잘한다고 인정받는다.

우 팀장은 오후가 되니 피곤이 갑자기 밀려왔다. 어제 집에도 못 들어가고 매출 실적 보고 자료 준비로 밤을 샜다. '왜 내가 사서 이 고생을 하는지 모르겠네'라고 생각한다. 결국 일을 잘 주지 못했던 것을 후회했다. 애초에 올해 처음 해보는 조 대리의 업무를 제대로 파악하지 못한 게 잘못이었다. 처음인 것을 고려해서 다시 정확히 피드백을 주거나, 중간 점검을 했어야 했는데 챙기지 못한 것이 아쉬웠다. 본인이 일은 귀하게 줘야 한다고 상사에게 전수받는데 정작 자신이 실천하지 못해 오히려 조 대리에게 미안한 마음이 앞섰다.

아침에 출근하니 조 대리가 당황한 기색이 역력했다. 팀장님이 자신 때문에 밤을 새서 보고서를 작성한 것을 어렴풋이 들었다. 당황해서 어찌해야 할지 창피했다. 처음에는 '열심히 했으니 내 잘못이 아니야' 하는 생각이 들었다. 하지만 시간이 지날수록 중간에 진행 방향이 맞는지 물어보지 않은 것에 대해 후회가 생겼다. 더 적극적으로 누구에게 보고하는 것인지, 어떤 콘셉트로 조사해야 하는지를 알아봐야 했다. 이번에는 잘못한 부분이 있었지만 어떻게 소통하고 적극적으로 일해야 하는지 알 것 같다. 오히려 이번에 더 많이 배운 것 같아 보람도 있었다.

요즘 기업에서는 많은 직원이 열심히 일한다. 각자의 영역에서 좋은 이미지, 실력을 갖추고자 노력하고 있다. 기업은 학교가 아니다. 이익이 나야 존재한다. 그냥 일을 열심히 해서 어필하는 것만으로 인정받길 원해서는 안 된다. 인재는 좋은 결과를 만들어내고 과정에 충실함이 있다. 초급사원 때부터 제대로 배우는 자세가 필요하다. 일의 정의를 먼저 생각해보고 어떻게 해야 하는지 공유하는 일의 기본기를 배우자. 처음부터 잘하는 사람은 없다. 잘할 수 있도록 잘 가르치는 것 또한 중요하다. 툭 던지듯 일을 주어서는 안 된다. 지시하더라도 정성을 들여야 한다. 상대방이 존중받는 느낌이 있다면 대충 처리하지 않는다. 좋은 결과를 만드는 일 잘하는 방법은 제대로 배울 수 있도록 귀하게 일을 주고받는 것이 아닐까?

아침 10분 생각으로
하루 계획하기

"서 대리, 아직도 안 보낸 거야? 지금 급한데, 언제까지 보낼 수 있어?"

기획부서 서 대리가 중국 법인 한 과장의 승인 결재본 송부 독촉 전화를 받고 있다.

"네, 과장님, 깜빡했어요. 지금 다른 회의 중인데, 바로 제 자리에 가서 보낼게요."

회의실에서 살짝 빠져나오려는데 "회의 중인데 어디 가는 거야?" 하고 다른 직원이 크게 소리쳤다. 더 급한 게 있어서 자리에 잠시 갔다 온다고 양해를 구하고, 급하게 자리로 돌아와 결재 서류를 찾았다. 스캔해 송부하면서 서 대리는 생각했다. '어려운 것도 아닌데 왜 매번 잊어버리지? 일상이 엉망이네' 하며 한탄을 했다. 좀 더 나은 방법은 없는지 서 대리는 답답했다.

직장에서 실수하는 경우는 많다. 흔히 많이 하는 실수가 있다. 여러 사람에게 단체 메일을 보내는데 첨부파일이 누락되어 등골이 오싹한 경우가 있다. 회의에 늦어 독촉 전화를 받고 늦게 참석하는 경우, 프린트 미리 보기를 확인하지 않아 1장을 여러 장 출력해 남이 볼 새라 몰래 처리하는 경우 등 수없이 많다.

직장이라는 곳은 그리 한가한 곳이 아니다. 보고, 회의, 교육, 업무처리, 출장 등 갖가지 일로 바쁘다. 하루를 정신없이 보내다 보면 퇴근 시간이다. 바쁘게, 정신없이 하루를 보내면 퇴근 시 공허할 때가 있다. '내 일은 언제 하지?' 하고 생각한다. 하루를 내가 컨트롤 하지 못하는 상황은 애석함을 넘어 애잔함이 묻어난다. 그렇지 않아도 일 많고, 바쁜 업무로 정신없는 직장에서 계획조차 없는 것은 '김빠진 사이다'를 먹는 기분이 아닐까?

유독 하루를 정신없이 보내는 직원들이 있다. 본인의 하루 일정이 어떻게 되는지도 모르고, 당일 처리해야 하는 일은 무엇인지, 상대방과 약속한 사항은 무엇인지 갈팡질팡하는 경우다. 그래서 하루에 잠시만이라도 여유를 가지고 본인의 일을 정리해보는 것은 중요하다. 요즘은 각자의 방식대로 일정을 관리한다. 알람을 맞춰 놓기도 하고, 스케줄러에 등록해 사전에 인지하기도 한다. 또한 나름의 요령으로 다이어리 및 칠판에 적어 관리하기도 한다. 중요한 것은 일정을 잊지 않도록 관리하는 것도 좋지만, 일 처리를 어떻게 해야 효율적으로 할 수 있는지 계획을 가지고 하루를 움직이면 좋다. 아침에 10분만이라도 여유를 가지고 본인의 일을 점검해보자. 중복되는 일은 사전 조정하고, 중요 시간을 확인하며, 특히 상대방과 관련된 일은 변경 시 상대에게 공유하자. 바로 '생각을 통한 계획'이 효율적이며, 본인 스케줄이 중심이 되도록 리드할 수 있다.

생각을 통한 자기 정리 후에 진행을 강조하는 유명인들이 많다. 우리가 너무도 잘 아는 마이크로소프트사의 빌 게이츠(Bill Gates)는 1년에 두 차례 시애틀 인근의 후드 커넬에 있는 본인 별장에 머물며, '생각 주간'을 갖는 것으로 유명하다. 수십 조 원의 재산을 가지고 있는 자산가의 별장치고는 초라하게 집기라고는 침대와 식탁, 냉장고, 책상, 의자, 컴퓨터가 전부라고 한다. 모두 생각에 집중하기 위해 간소화한 것이라고 한다. 또한 그 기간에는 별장을 찾는 사람 역시 하루 두 차례씩 간단한 샌드위치를 넣어주는 관리인이 유일하다고 한다. 그만큼 세상과 단절된 혼자만의 시간을 갖기 위함이다. 그곳에서 그는 오롯이 혼자 머물며 책을 읽거나 오로지 생각만 한다고 한다. 지금 우리가 사용하는 인터넷 브라우저인 익스플로러, 온라인 비디오 게임 등 굵직굵직한 아이디어들이 바로 이 '생각 주간'을 통해서 세상에 나왔다고 한다.

이 이야기는 인터넷 등에서도 쉽게 찾아볼 수 있는 유명한 이야기다. 나는 이 이야기를 책에서 여러 번 접했다. 퇴근 후 책을 읽고, 특히 주말 새벽에 집중해서 책을 읽고 있다. 요즘 자기계발 및 성공학에 대한 책들을 읽고 있는데, 이 스토리는 많은 책에서 사례로 전개하고 있다. 그래서 생각의 중요성을 인식해 하루 10분만이라도 온전히 나만의 생각을 가지려 하고 있다.

나는 회사에 조금 일찍 출근한다. 느긋하게 딱 시간에 맞추어 출근하는 성격이 아니다. 내 책상에서 '멍 때리듯' 잠시 생각해본다. 모니터도 보지 않고 그냥 생각에 자신을 맡겨본다. 오늘은 무슨 요일인지, 놓치고 있는 특별한 날은 아닌지 일정을 확인한다. 그리고 다이어리에서 그날의 일정(회의, 지시받은 일의 완료일, 마감이 있는 일의 진행사항)을 확인한다. 중복되는 일정은 양해를 구하거나, 동료에게 대신 참석 등 조정을 한다. 확실히 10분간 생각하며 그날의 일정을 내 중심으로 바꾸면, 내가 하루의 중심이 되는 것 같다. 평상시 내 다이어리는 한 달 일정이 빼곡하게 적히는 것이 일상이었다. 하지만 코로나의 영향으로 지금은 여유가 상당히 있다. 비대면으로 내부 회의도 서류로 대체하는 경우가 많다. 특히 외부 손님이 많이 방문하는데, 올해는 상당 부분 조정되고 있다.

'생각 주간'에 모티브를 얻어 나는 새해 첫 출근하는 일주일과 하계휴가를 다녀온 일주일을 '생각 주간'으로 정하고 있다. 내 나름의 방식이다. 가능하면 긴급한 일을 제외하고는 새로운 일을 벌이기보다 이미 세웠던 새해 계획, 하반기 계획이라도 생각해본다. 향후 벌어지는 1년 또는 하반기를 어떻게 보낼지, 주어진 계획들의 일정을 다시 리마인드 해본다. 이렇게 해보니 놓치는 경우가 없고, 남들보다 먼저 생각하게 된다. 그래서 이를 나는 동료들에게 권하고 있다. "이번 주는 '생각 주간'이니 나름의 방식으로 계획을 리마인드 해보라"고 코칭한다.

빌 게이츠 외에도 워런 버핏(Warren Buffett), 손정의(孫正義), 버락 오바마(Barack Obama) 같은 세계 최고의 리더들 역시 아무에게도 방해받지 않는 자기만의 '생각 시간'을 주기적으로 가진다는 공통점이 있다. 특히 이 중 소프트뱅크의 손정의 회장은 아무리 바빠도 하루에 10분은 반드시 자기만의 시간을 가진다고 한다. 부를 가진 사람이나 평범한 사람이나 지위가 높은 사람이나 낮은 사람이나 공평한 것이 있다. 바로 하루 24시간은 같다. 하느님이 공평하게 주신 선물이다. 아무리 바쁜 우리 직장인이지만 하루 10분은 낼수 있다.

"서 대리, 차 한잔 할까?"

아까 같이 회의했던 기획 1팀 진 팀장이 말했다.

"네, 팀장님."

서 대리는 진 팀장이 아까 회의 중 이탈 건으로 꾸중하나 싶었다. 하지만 진 팀장은 이렇게 말했다.

"서 대리, 하루를 두서없이 보내는 것 같아. 아침을 서 대리의 시간으로 만들면 퇴근이 여유로울 거야."

그러면서 진 팀장은 아침에 10분씩 생각하는 것을 코칭해줬다. 매번 지각 직전에 여유 없이 출근하던 서 대리의 아침에 변화가 생겼다. 서 대리는 출근시간보다 30분 먼저 와서 10분 동안 자기만의 생각을 갖기 시작했다. 오늘 벌어질 하루 일을 '내가 직접 설계한다' 생각하고 일정을 확인했다. 일의 순서가 보이는 것은 덤으로 얻은 노하우다.

직장인이 그저 회사를 하루 있다가 가는 곳으로 생각하면 가슴 아픈 현실이다. 월급을 받는 만큼 일한다는 생각도 조금은 아프다. 일을 잘한다는 것은 놓치는 것 없이 효율적으로 처리하는 것이다. 매일 아침 10분간 자기만의 시간을 가져보자. 꼭 일을 잘하기 위해, 효율적으로 시간을 활용해서만이 아니라 내가 지금 어디로 가고 있는지, 오늘 하루는 내가 왜 왔는지 생각해보고, 맞이해보자. 조금 더 퇴근이 자유로운 하루가 될 것이다. 하루 10분, 자기만의 시각으로 생각해보자. 직장생활이 그리 어렵지 않을 것이다.

"수고했습니다"보다 "잘했습니다"라는 말을 들어라

"네, 반장님. 지금은 괜찮나요?"

"어, 진 대리. 에러가 사라졌어요. 다행히 안정적입니다."

"네, 반장님. 조금만 더 계속 관찰 부탁합니다."

"진 대리가 수고 많았어요. 이제 좀 쉬어요."

전산팀 진 대리와 제조 현장 유 반장이 전산 시스템 교체와 관련해 대화하고 있다. 며칠 전 정전 후 전산팀 중앙처리장치에 문제가 있어 급하게 교체하게 됐다. 진 대리는 중앙처리장치 교체 실무 담당을 하고 있다. 현재는 교체 후 시스템 점검을 하고 있다. 어제부터 밤을 새다시피 하며 문제를 제거하고 있다. 이전에도 몇 번 장비를 교체했지만, 이번에는 신규 프로그램 적용과 같이 진행되면서 예상과 다르게 에러가 많았다. 어제 야간에도 일부 공정에서 전산 에러가 발생되어 긴급 프로그램 수정을 진행했다. 좀 더 예측하고 철저하게 준비했다면 피해를 줄일 수 있다고 생각했다.

'휴, 이제 좀 안정이 되는 것 같네. 좀 아쉽긴 하지만 이만한 게 다행이네.'

진 대리가 여유를 가지고 커피를 한 모금 마시고 있다. 지난밤의 긴박했던 순간을 생각하고 있다.

직장에서는 "수고한다"라는 말을 자주 사용한다. 주로 일이 끝나거나 중간에 먼저 자리를 뜨게 되는 경우다. 주로 "수고하셨습니다. 수고하세요"와 같이 고생했다는 표현을 한다. 일의 과정에 '수고하고, 고생하셨다'에 대한 감사의 마음이 포함되어 있는 것이다. 갑자기 여기서 국어를 논하려는 것은 아니다. '수고'는 하고 있는 일이나 직업적인 일, 무엇을 만들거나 노동을 하는 등 구체적인 일에 대해서 능동적으로 노력하고 열심을 다하는 모습을 말한다. 즉 과정에 중점을 두고 있다. 요즘 주변에 주어진 환경에 최선을 다하는 많은 분들이 있는 것 같다.

코로나 방역에 애쓰는 의료인들 "수고 많으십니다."
학교도 못 가고 온라인 수업하느라 고생인 학생 여러분 "수고 많으십니다."

회식도 못 하고 스트레스가 쌓이는 직장인 여러분 "수고 많으십니다."

하루 종일 마스크 쓰는 것이 답답할 텐데 잘 참는 여러분 "수고 많으십니다."

여기에 더해 결과까지 좋으면 금상첨화가 아닐까? 직장에서 본인이 하는 일에 최선을 다해 애쓰면 그것 자체로 아름답다. 감사한 일이다. 하지만 과정에 만족할 것이 아니고 결과까지 좋은 성과를 내보자.

나는 "잘했다"라는 말을 들으려 한다. 상사나 동료에게 듣는 말도 좋지만, 내 자신에게 "잘했다"라는 말을 들으려 한다. "잘했다"는 말에는 칭찬이 내포되어 있다. 단순히 결과만을 가지고 평가하지 않는다. 과정에서 기존과 똑같은 방법으로 하기보다 다른 방법, 도전, 새로운 적용 등 기존에 예견된 다른 '새로운 무엇인가'가 있으면 '잘한다'가 반영된다.

직장에서 하는 일을 좀 더 한 단계 높은 사고로, 프로다운 책임을 가지고 일하길 바란다. 그냥 주어진 방식대로 성실히 수행하면 그 자체로 일을 한 것이다. '수고한 것은 맞다. 그러나 잘했다고 보기 어렵지 않나? 새로운 방식이 있었나? 도전적이었나? 이전 결과와 다른 뛰어난 성과가 있었나?' 이런 부분에서 변화를 줄 필요가 있다.

초급사원 때 "수고만 했어" 이런 이야기를 들은 적 있다. 참 들

기 거북한 이야기다. 개선을 한다고 주말도 반납하고 공정을 개선
했는데, 효과를 보지 못해서 이런 이야기를 들었다. 하지만 사기
를 위해서도 "수고했습니다"가 맞는 것 같다. 속으로는 나도 속상
했다. 준비가 부족했던 점을 알았고, 철저히 점검하지 못한 미흡
함을 내 자신이 알았을 때 잘했다고 생각하지 않았다.

실제 과장 시절에 있었던 경험이다. 제품을 만드는 공정을 개
선하고자 했다. 품질을 높이기 위해 검사 장치를 직접 설계했다.
공간이 부족해 설계하는 데 애를 먹었다. 한 일주일가량을 고민해
완성했다. 제작해서 공정에 설치했다. 순조로울 줄 알았는데, 문
제가 발생했다. 검사 자체는 잘되어 성공적이었으나 시간을 맞추
지 못했다. '사이클 타임(Cycle Time)'이라는 제조 용어가 있다. '제품
하나를 주기적으로 만드는 데 필요한 시간'을 말하는데, 제조 공정
에서는 기본이고 중요한 요소다. 이 시간이 늦어지면 제품 생산이
늦어져 문제가 된다.

결국 내가 애써서 많든 검사기를 내 손으로 거두어들였다. 많
은 노력을 했고, 과정에 고생이 있어서였을까? 아쉬움이 너무 많
았다. 그리고 많은 반성을 했다. 주위 동료나 상사는 노력을 많이
한 사항을 알기 때문에 "수고했다"고 이야기했다. 내가 나를 돌아
봐도 수고는 많이 했다고 생각했다. 이 부분은 스스로 칭찬해줬
다. 하지만 유사한 것들을 여러 번 해본 나로서는 만족하지 못했
다. 내 경력이면 기본적인 사항을 놓치지 않았어야 했다.

이 부분에서 내 스스로에게 "잘했다"란 말이 도저히 나오지 않

았다. 나답지 않다는 생각이 들었다. 이런 과정을 거치면서 좀 더 성장했던 것 같다. 직장에서 '그냥 열심히 하면 되겠지. 최선을 다하면 되겠지' 하는 생각이 있다. 최선의 노력을 한 부분에서는 긍정적으로 평가해야 한다. 여기에 추가해 본인의 역량을 키워야 한다. 제대로 배우고, 노력해 문제를 해결할 수 있는 능력을 갖도록 해야 한다. 남들과 차별화가 있고, 보다 나은 성과가 있을 때 "잘한다"는 평가가 있다. 좀 더 꾸준한 노력을 통해 역량을 키워야 한다. 자기가 하는 일에서 프로다운 모습을 보여줘야 한다.

"진 대리, 수고 많았습니다."

여러 사람이 노고에 대해 칭찬해줬다. 오후가 되면서 시스템은 안정됐다. 임시적인 조치는 잘했다고 진 대리도 생각했다. 하지만 아쉬움이 많이 남았다. 시스템에 대한 전반적인 자신의 역량이 뛰어났다면 사전에 인지했을 것이라고 생각했다. 그러면 문제도 발생하지 않았을 것으로 생각했다. 또 사전에 에러 유형도 공부했더라면 이번처럼 당황하지 않았을 것으로 생각한다. 좀 더 당당하지 못한 자신의 역량을 반성하고 있다. 부족한 부분은 선배들을 찾아 제대로 배울 계획이다.

직장에서 각자 하는 일은 다를지 모르지만 모두 중요한 일이다. 각자의 가치가 있다. 각자 일에 맞는 최대의 역량을 발휘해 문제를 해결하는 성과가 있어야 한다. 낮은 역량으로 최선을 다했다고 안주하면 좀 위험한 생각이다. 의식은 프로 근성이 필요하다. 내가 최고로 잘한다는 생각을 갖도록 노력해야 한다. 인정받는 인재는 단순히 "수고하셨습니다"에 만족하지 않는다.

자신의 역량을 높이는 노력에 성심을 다한다. 높은 역량으로 남과 다른 성과를 내고, 과정에서 차별성을 갖는다. 무엇인가 다른 긍정의 결과에 사람들은 "잘한다"라는 말을 한다. 한 단계 점프해보자. 일 잘한다는 이야기를 들어 인정을 받아보자.

끌려가는 직원 vs.
스스로 성장하는 인재

"수고들 많았습니다. 하지만 중요 문제점 5건을 지적받았습니다. 심각한 상황입니다. 준비에 문제가 있었던 사항이 무엇인지 반성해봅시다."

김 팀장이 조용히 말하지만 다분히 걱정하는 목소리다.

"네, 죄송합니다. 준비를 한다고 했습니다만 지적이 많았습니다. 조금 안이하게 준비했던 것 같습니다. 보증팀 가이드라인만 따랐고, 감사 프로세스 전체를 준비하지 못했습니다."

서 대리가 미안해 하는 표정으로 말했다.

"저는 보증팀 문제라고 생각합니다. 감사 준비는 이것만 하면 된다고 했는데, 범위에서 벗어났습니다. 우리 잘못이 아닙니다."

차 대리가 뉘우치는 기색 없이 태연히 말한다.

"이미 지적받은 중요 사항은 대책을 수립해야 합니다. 일단 실무에서 대책을 수립해서 보고해주시기 바랍니다."

김 팀장이 걱정스러운 표정으로 지시한다. 결과를 인정하고 반성하려는 서 대리와 남 탓으로 돌리는 차 대리의 생각의 차이가 점점 벌어지는 것 같아 더 심란하다.

학창 시절의 시험은 과정에 대한 결과를 평가하는 형태다. 시험을 좋아하는 사람은 없을 것이다. 예외적으로 '공부의 신'이라면 모를까. "공부가 가장 쉬웠어요"라고 말하는 수재들은 나름의 노력과 요령을 터득했을 것이다. 직장에서는 주어진 업무를 하고, 업무에 대한 과정을 바탕으로 결과를 평가한다. 대부분 상대 평가다. 그래서 경쟁이 있다. 같이 차 마시고 식사하지만 경쟁적으로 평가받아야 하는 상대인 것이다. 대상이 단순히 동료만이 아니고, 선후배도 경쟁자가 된다. 결과만이 아니고, 과정에 대한 평가가 더 많이 반영되는 것 같다.

직장에서 평가를 안 좋게 받고 싶은 직원은 없을 것이다. 나름대로 각자 다른 업무 속에서 최선을 다한다. 이때 결과는 제외하더라도 과정을 중심으로 분류할 수 있다. 주어진 업무를 선제적이고, 적극적으로 하는 직원들이 있다. 또 한 부류는 개선의 의지가 있고, 즉각적으로 대응하는 사람들이다. 이 두 유형은 대체적으로 좋은 평가를 받는다. 자기 직급에서 한 번 더 생각하며 업무를 추진한다. 꼭 내 일이 아니어도 주변에서 도움이 필요하면 적극적으로 개입한다. 그렇게 되면 사실 일이 늘어난다고 볼 수 있지만 선순환을 가져온다. 다양한 일을 하다 보니 기회도 있고, 많은 경험을 하면서 성장한다. 실수가 있으면 바로 수용하고 개선하려는 의지가 있다. 피드백을 받아 부족한 점을 보완하니 계속 배움이 있다. 피드백을 주는 사람도 받을 준비가 된 사람에게 적극적으로 주는 경향이 있다.

반면 평가를 낮게 받는 경우도 있다. 주어진 업무를 소극적으로 해석하는 사람들이다. 또 더 나아가서 방어적으로 업무하는 경우다. 대체적으로 업무를 나서서 하지 않으며 시킨 일, 지시받은 일만 한다. 소극적으로 업무를 하다 보니 다양한 업무를 통한 경험을 하는 기회가 적다. '이건 내 일이 아닌데. 이걸 왜 내가 해야해?' 하며 방어적으로 해석하는 부류다. 당연히 좋은 피드백을 받을 수 없고, 일을 주는 입장에서도 중요한 업무를 주기 어렵다. 소극적, 방어적으로 업무를 하면 역량을 높일 수 없다. 직장은 혼자 일하는 곳이 아니고, 팀워크로 움직이는 곳이다. 방어적으로 협업이 안 되는데 어떻게 성장할 수 있겠는가?

직장에서 본인의 업무를 선제적, 적극적으로 추진하는 것은 말처럼 행동으로 실천하기가 쉽지 않다. 기본적 역량도 뛰어나야 하고, 동료와의 관계성도 좋아야 한다. 나는 부족하지만 이런 형태로 업무하고 싶다. 하지만 역량이 많이 부족하다. 내공을 더 쌓아야 함을 안다.

나는 역량이 높다기보다는 부지런하고 꼼꼼하다. 일종의 꼼꼼 스타일이다. 내가 알고 자신하는 것은 꼭 해보는 성향이다. 모르는 것은 배워야겠지만 내가 알고 있다고 생각하는 것은 자신한다. 실수하는 경우도 없다.

약 10여 년 전 공장에서 개선 업무를 담당할 때다. 큰 프로젝트로 준비까지 하면 약 1년의 작업이 걸리는 일이었다. 해보고 싶은 일이고, 욕심이 있어 믿고 달라고 강력히 요청했다. 실제 프로젝트가 쉽지 않았고, 이때 밤도 많이 샜지만, 힘든 줄 몰랐다. 오히려 많이 배웠고 재미있었다. 긴장하고 집중하니 몸이 피곤해도 몸살 한번 걸리지 않았다. 그때 동료를 생각하면 고마운 마음이 있다.

좋은 인재는 일반적인 직원과 다른 차이점이 있다. 이들의 핵심은 '성장'이다. 끊임없이 성장하고, 또 그 인정으로 성장할 기회가 더 주어진다. 이런 인재를 관찰한 경험과 책을 통해 터득한 것을 정리하면 다음과 같다.

첫째, 문제를 통해 배우면서 성장한다. 다른 사람에게서 어떻게든 배우려고 노력한다. 장점만이 아니고, 동료의 실패라도 간접 경험을 통해 반면교사의 관점에서 배움이 적지 않다. 실제로도 역량은 경험(70%), 조언(20%), 교육(10%)으로 배운다고 한다.

둘째, 문제가 있을 경우 '자신'을 먼저 보는 경향이 있다. 회사에서 발생하는 여러 문제 상황에서 일반적인 사람은 문제 환경에서 원인을 찾는다. 그래서 남 탓을 하기 쉽다. 성장하는 인재는 자신을 먼저 본다. '훌륭한 리더는 문제 시 자신을 보지만, 그렇지 못한 리더는 직원을 본다'라는 어느 CEO의 말이 생각난다. 성장하는 인재가 갖추는 좋은 태도다.

셋째, 자기반성과 목표 의식이 있는 사람이다. 본인의 역량을 드러내기보다는 겸손한 자세로 임한다. 부족한 역량을 채우고자 어떤 부분이 부족한지에 대한 목표 의식을 갖는다. 좋은 결과와 성과를 내기 위해서 선택과 집중해서 역량을 발휘한다. 목표 설정으로 자기만의 동기부여를 받는다.

넷째, 집요함을 넘는 노력이다. 목표를 세웠다면 이를 위한 노력을 기울인다. 일반적으로 열심히 하는 수준을 넘어 목표를 향해 끈질기고, 집요하게 노력을 기울인다. 이 과정에서 성장이 있다는 것을 알며, 인고의 시간을 감내할 수 있는 끈기가 있다.

초급사원들을 접해 보면 얼마 되지 않아 일하는 성향을 파악할 수 있다. 대부분 선배들은 지나온 과거이니 판단할 수 있다. 문제에 대한 원인, 결과를 판단하는 근거를 같이 이야기하는 경우가 있다. 대부분 내가 물어보는 질문이 있다. "네 생각은 어디 있냐?"고 물어본다. 끌려가는 직원은 "누가 그러던데요?" 하고 말하는 경향이 있다. 소극적이고, 단기적이며, 눈앞에 보이는 부분을 현상 위주로 파악했기 때문이다. 우리가 하는 일의 목적과 정의를 먼저 내려보면 좀 더 크게 보게 된다. 규정이나 프로세스를 찾아봐야 하는 경우다. 이렇게 재해석을 통해 문제를 보려는 사람이 있다. 이런 친구들은 보면 더 챙기게 되고 성장을 본다.

어느 기업에서든 모든 직원이 리더로 성장할 수 없다. 성장하는 인재는 향후 리더로 발전할 것을 준비해야 한다. 모든 일은 협업을 통해 이뤄진다. 관계성을 갖추어야 한다. 주변 동료에게 포용과 배려를 하는 올바른 태도를 갖추어야 한다. 지속적으로 성장하는 직원은 늘 주변의 사람과 이슈에 대해 호기심을 가지고 반응한다. 본인 업무뿐만 아니라 상위의 문제를 발견하고 협업하려는 마인드와 스킬을 가져야 한다. 주기적으로 자신은 어떤 유형인지, 어떤 인재로 성장할 것인지 생각해볼 필요가 있다.

코칭 고수 김 팀장은 서 대리, 차 대리에게 각각 다른 코칭을 했다. 서 대리에게는 성장하는 인재가 갖추어야 하는 태도, 역량 향상에 대해 끊임없이 노력해줄 것을 당부했다. 차 대리에게는 다른 접근법을 사용했다. 조용히 차를 마시며 업무 형태의 네 가지 유형에 대해 설명했다. 자칫 부정적인 표현이 있어 가능한 한 긍정적 희망으로 피드백을 줬다.

지적사항 대책을 검토하는 김 팀장의 표정이 밝아졌다. 차 대리가 작성한 대책이 타 부서의 잘못이 아닌 자기를 포괄하는 액션이 있었다.

"지적받은 건 회사로서 손실이지만, 이번 기회를 반면교사 삼아 한 단계 우리가 발전한 듯 보였습니다. 수고했어요."

김 팀장의 멘트다.

직장에서 같이 출발했어도 우리 모두는 다른 평가와 인정을 받는다. 방법을 배우고 마인드를 바꾸면 인재로 평판받을 수 있다. 성장하는 인재는 어떤 상황에서도 문제를 멀리 보지 않는다. 본인을 뒤돌아본다. 좋지 않은 상황과 환경에서도 누구에게든 배우려는 태도가 있다. 진실한 자기반성과 목표를 향한 집요한 노력을 감내한다. 방법을 안다면 누구든 인재로 인정받을 수 있다. 본인의 태도 및 의지가 중요하다. 기회는 한순간의 성과로 오지 않는다. 한 단계, 한 단계 단계적으로 성장을 하는데, 끊임없는 노력을 하는 사람에게 성장의 기회가 주어진다. 오늘이 한 단계를 밟는 날이다. 오늘 진정으로 자신의 충실성을 얻었길 바란다.

인정받는 사람은
평판 관리를 잘한다

인사팀 사무실은 모두 소등되어 있었다. 점심시간이었다. 잠시 휴식을 취하는 직원이 있고, 부족한 잠을 잠시 보충하는 직원도 있다. 저 멀리 휴게실에서 안 과장과 김 대리가 조금 심각한 대화를 나누고 있다.

"김 대리, 차 한잔 할까?"
"네, 과장님. 제가 커피 타오겠습니다."

둘이 커피를 마시며 대화를 이어간다. 안 과장이 조금 머뭇거리며 어렵게 이야기를 꺼낸다.

"김 대리, 어제 공장에 다녀왔어?"

"네, 과장님. 새롭게 변경되는 인사 설명회 차 공장에 다녀왔습니다."

안 과장이 말한 이야기의 내용은 이랬다. 안 과장 동기를 비롯해 몇 사람이 김 대리의 안 좋은 점을 이야기했단다. 공장 직원 사이에서는 김 대리가 인사도 안 하고, 예의가 없다고 했다고 한다. 특히 현장의 나이 많은 경력자들에게도 인사를 하지 않고 무시한다는 이야기까지 있었다. 김 대리는 공장에 몇 번 가기는 했지만 특별히 아는 분들이 없어 인사를 하지 않은 것인데, 오해가 있었다고 생각했다. 하지만 공장에 안 좋게 소문이 났다고 하니 속상했다. '내가 그렇게 예의 없는 사람은 아닌데' 김 대리의 머릿속은 복잡해졌다.

미국의 유명한 SF 작가 로이스 맥마스터 부졸드(Lois McMaster Bujold)는 "평판이란 남이 아는 당신의 모습이고, 명예란 당신 자신이 아는 자기 모습이다"라고 말했다. 직장이란 다양한 사람이 모여 일하는 곳이다. 개성이 다양하고, 성격이 다르며, 세대도 다르다. 각자의 성과를 인정받고자 각자의 방식으로 생활하는 공간이다. 사람들이 모이면 다른 사람 이야기를 많이 한다. 또는 말은 하지 않아도 각자 타인에 대한 평가를 한다. 우리는 이것을 직장의 평판이라고 한다. 평판은 부정과 긍정으로 나뉜다. 대부분 긍정적으로 좋은 평판을 갖기를 원한다. 평판도 후행적 성격이 강하다.

장시간 생활하면서 상대가 어떤 행동을 했는지, 상대에게 느낀 감정은 어떤 것이었는지 드러내는 것이다. 수치화할 수 없고, 규격화된 평가가 있는 것도 아니다.

태도에 대한 것은 긍정적 평판을 가지면 좋다. 가령 좋은 습관을 가지고 있다든지 말이다. 아침 일찍 출근하는 부지런함을 가지고 있거나, 뭐든 열심히 하려고 노력한다든지 하는 이런 태도에 관련된 것은 모두가 갖길 원하는 평판이다. 일의 능력에 대한 평판도 있다. 가령 이런 말을 한다. "A는 벌써 업무 노하우와 창의성도 있고, 일을 스스로 찾아서 하는 자세가 좋아. 사원이어도 대리같이 일을 잘해"라고 칭찬한다. "B는 리더십도 있고, 부하직원들을 육성하는 마인드도 뛰어나. 과장인데 팀장처럼 일해"라고 하면 기분 좋다. 반면 "C는 문제를 크게 보지 못하고, 나무만 보는 관점이 있어. 대리 같은 팀장이야"라고 하는 안 좋은 평판도 있다.

버진 그룹의 리처드 브랜슨(Richard Branson)은 평판의 중요성을 강조했다. 성공의 첫 번째 요소로 '평판 관리'를 꼽았다. 성공을 위한 수많은 요소 중 다른 것보다 주요한 요소로 평판을 최고로 강조했다. 그만큼 평판의 소중함을 강조했는데 구체적인 행동 요령도 있다.

첫째, 절대로 갑질하지 마라. 영원한 갑도, 을도 없다. 갑질은 돈 있고, 힘 있는 사람이 돈 없고, 힘없는 약자에게 힘을 이용해 영향력을 행사하는 것이다. 한마디로 배려가 없고, 인성 교육이 필요한 상황이다. 가지고 있는 힘이 강할수록 약한 사람을 배려해야 한다.

둘째, 좋은 게 좋은 것이다. 너그러운 마음을 가지고, 관용을 베풀어야 한다. 조직에서 불평과 비난만 내세워서는 안 된다. 불편함은 좀 참을 수 있어야 하고, 리더로서의 자격을 갖추어야 한다. 독불장군식 표현은 어렵다.

셋째, 생각하고 행동하라. 직장은 많은 사람이 있는 곳이다. 입과 행동이 무거워야 한다. 이것이 누적되어야 평판이 좋아진다. 언행이 일치되어야 한다. 본인의 통제 능력을 관리할 수 있어야 한다.

넷째, 절대 속이지 마라. 가장 중요한 덕목이다. 직장에서는 매 순간 판단하고 결정해야 한다. 일을 성과로 나타내어 이익을 내는 조직이다. 정확한 판단을 하기 위해서는 진실된 데이터가 있어야 한다. 작은 이익을 위해 거짓을 말한다면 일부는 속일 수 있겠지만, 마지막까지 속일 수는 없다. 언젠가는 드러난다. 속이 다 나타나는 평판은 매우 치명적이다. 평판을 떠나서 본인의 일을 믿어주지 않아 마음고생하는 직원을 많이 본다. 초급사원들이 꼭 명심해야 할 사항이다. 사소한 것을 가지고 의심하지 않도록 진실성 있게 행동해야 한다. 모르면 배우면 된다. 모르는 것을 아는 것처럼 행동해서는 안 된다.

나는 급하게 다그친다는 부정적 평판을 받은 적이 있다. 많이 고치려 노력하고 있다. 긍정적 평판으로는 부지런하고 꼼꼼하다는 평판이 있다. 성격 같기도 하지만 나를 대변하는 단어다. 때로는 이마저도 부정적으로 보면 쓸데없이 부지런하고, 너무 작은 것에 세세하다는 표현도 있다. 적절히 조화롭게 장점으로 발전시키도록 노력한다.

지금은 비대면 시대다. 불과 1년 전과 상황이 많이 바뀌었다. '가는 정이 있으면, 오는 정이 있다'고 했다. 정을 통한 배려, 관심을 보이면 평판이라는 것도 긍정적으로 비치기 마련이다. 그만큼 자주 얼굴을 보이면 호감을 갖게 마련이다. 그래서 전통적으로 경조사에 빠지지 않으면서 어려움은 나누고, 기쁨은 더했다. 주말마다 경조사를 찾아다니는 것도 관계를 통한 긍정의 평판을 갖는 좋은 계기다. 부지런해야 할 수 있는 일이다. 또 그만큼 상대에 대한 관심이 있고, 관계성을 맺고자 하는 노력이다. 이런 정성이 있어 사람의 마음을 얻는 것이다. 평판은 관계의 연장이라고 할 수 있다.

그러나 지금은 상황이 많이 변했다. 철저한 비대면 시대다. 경조사는 온라인으로 대체되는 시대다. 우리가 업무로 많이 사용하는 메일도 좋은 평판을 만드는 좋은 메신저다. 메일을 통한 전달은 비대면 접촉에 의해 만들어지기 때문에 상대방에 대한 세심한 배려가 우선되어야 한다. 상대방을 높이고, 자신을 낮추는 겸손한 자세가 상대방의 마음을 얻는 지름길이고 좋은 평판을 만들 수 있다. 특히 잘 모르는 상대방과의 비대면 관계는 진정성을 보여줄 필요가 있다. 연결 확장된 평판은 평생 가는 것이기 때문에 항상 생각하고 조심하는 습관을 들여야 한다. 지나치게 과장된 말과 행동은 피해야 한다. 진실된, 진정성 있는 자세로 인간관계를 쌓아

가야 한다. 평판을 관리하는 인재는 평판이 꼬리표처럼 항상 따라다닌다는 것을 안다.

내가 아는 후배 Y가 있다. 열심히 하고 좋은 성과를 내는 것 말고 내가 배울 점이 있는 후배다. Y는 10여 년간 한 번도 회사 직원들과 다툰 적이 없다. 화를 내는 적도 보지를 못했다. 내가 업무와 관련해 지도하며 큰소리로 꾸중해도 다른 후배와 다르게 배움의 자세가 흐트러짐이 없다. 불같이 화를 참지 못하는 나로서는 배울 점이 있다고 생각한다. 나보다 나이 많은 분들에게만 배울 점이 있는 것은 아니라는 것을 깨닫는다.

요즘 하는 독서 중 일부는 인문학 수양을 높이기 위해 노력하고 있다. 일부 편집된 책을 접하기는 했지만, 《논어》를 정독해보고 싶다. 배려, 진정성, 관계성을 높이고 싶다. 직장에서도 선배보다는 후배가 많은 위치가 됐다. 누구에게 잘 보이는 것보다는 좋은 본보기가 되어야 함을 더 많이 생각한다. 바른 모습을 보이는 선배라는 좋은 평판을 더 많이 신경 쓴다. 가끔 회식할 때 회사에서 이야기하지 않는 이야기를 듣곤 했는데, 코로나가 너무 얄밉다. 빨리 끝났으면 하는 마음이 간절하다.

"안녕하십니까?"

김 대리는 큰 소리로 인사했다. 회사에서 인사성이 부족하다는 지적을 받고 적극적으로 먼저 다가서며 고쳐 나가고 있다. 여러 사람과의 관계성이 중요하다는 것을 배웠다. 나를 잘 모른다고 생각했지만, 말은 안 해도 서로 관심이 있다는 것을 깨달았다. 겉모습이 아닌, 나의 장점을 진정으로 어필하려고 한다. 좋은 성과도 내고 알고 보면 괜찮은 사람이라는 인식도 심어 주고 싶다. 김 대리의 행동, 생각의 변화를 보고 안 과장의 마음이 한결 가벼워졌다.

평판은 남이 보는 나의 모습인데, 하루아침에 만들어지지 않는다. 인위적으로 만들어지는 것도 아니다. 시험은 당일치기라도 해서 반짝 공부하면 좋은 성과를 일부 얻을 수 있다. 하지만 평판은 장시간에 걸쳐 거울에 비친 나의 모습이다. 잠깐 좋은 인상, 관계성으로 만들어지는 것이 아니다. 인재는 좋은 평판을 갖는다. 진심어린 배려, 노력하는 자세, 바른 습관을 가져야 한다. 직장은 생각보다 좁다. 부정적 피드백은 겸허히 받아들이는 자세 또한 중요하다. 직장생활은 장기전이다. 진정성이 전달되면 누구든 가까이하고 싶어 한다. 누군가와 같이 일하고 싶은 마음이 있으면, 내가 누군가에게 같이 일하고 싶은 대상이 되어 보자.

디테일에 강한 사람이
인정받는다

　재무 1팀 주 대리는 3번째 확인을 하고 있다. 2/4분기 경비 및 관리회의비 결산 보고를 앞두고 분주하다. "금액에 관련된 사항이라서 부장님이 디테일하게 보신단 말이야. 이번에는 틀린 금액이 없어야 하는데" 하며 연신 엑셀 파일을 점검하고 있다. 결산 보고서를 검토하던 은 부장이 연신 "음. 음" 하면서 불편한 기색을 보였다. '틀린 숫자는 없는 것 같은데 왜 그러시지?' 하고 주 대리는 긴장하며 계속 주시했다. 돋보기안경을 들었다 내려놓기를 반복하며, 은 부장이 검토를 마친 뒤 말했다.

　"코로나 영향으로 예산을 축소했는데도 각 부서에서 잘 협조해서 오버되지 않았네. 주 대리가 관리를 잘 해주었네요. 그런데 주대리. 잘 정리하기는 했는데, 다음부터는 좀 더 디테일하게 부탁합니다."

은 부장에게 보고서를 돌려받은 주 대리의 머리가 복잡해졌다.

'틀린 건 없는 것 같은데, 무엇을 디테일하게 하라는 거지?'

우리는 생활 속에서, 또는 직장에서 "디테일하게 해봐"라는 말을 자주 듣는다. 일 처리를 꼼꼼하고, 빈틈없이 마무리하라는 뜻이다. 반드시 필요한 습관임에는 틀림없다. 혹시 과하면 '뭘 그런 것까지 챙겨?', '그렇게까지 일일이 해야 되나?'라고 주위에서 조금 부정적인 시각으로 보는 경우가 있다. 좀스럽고, 새가슴이라는 소리를 듣기도 한다. 하지만 누가 뭐라고 해도, 디테일하게 확인하는 습관을 나쁘다고 표현할 수는 없다. 한편 덤벙대는 사람 같이 실수를 자주 하는 사람도 디테일이 필요하다. 서류에 오타가 있고, 숫자가 틀리며, 무엇인가 정확성에 오류가 있으면 디테일을 높일 필요가 분명히 있다.

디테일하지 못해 발생되는 사소한 일들이 나중에는 큰 문제로 발전하는 경우가 있다. 몇 해 전인가 TV에서도 나온 적 있는데, '깨진 유리창의 법칙'이라는 게 있다. 사소한 문제가 심각한 문제로 이어질 수 있다는 이야기다. 어느 건물 유리창에 금이 가기 시작했는데 주인이 대수롭지 않게 생각해 그 유리창을 바꾸지 않고 그대로 방치했다. 그런데 몇 달이 지나지 않아 사람들은 "아무도 신경 쓰지 않는 건물인가? 내 마음대로 해도 되나?" 하는 생각을 하게 됐다. 결국에는 그 건물의 멀쩡했던 다른 유리창도 깨지면서, 건물 전체가 파손되는 현상으로 발전했다.

큰 사고가 나면 '하인리히의 법칙'을 거론한다. 자연재해인지, 인재인지를 따지며 이 법칙을 적용해 반성하는 경우가 있다. 하인리히의 법칙은 다른 말로 1:29:300 법칙이라고도 한다. 1개의 대형사건이 일어난 경우 그 전에 29개의 가벼운 사고가 있었고, 이러한 사고가 있기 전에 300건 이상의 이상 징후가 있다는 이론이다.

무한경쟁 시대에 기업에서의 디테일은 중요한 요인이다. 무엇인가를 꼼꼼히 챙기고, 세세하게, 빈틈없이 일 처리하는 것은 매우 중요하다. 이를 디테일로 보는 것도 틀리지 않다. 좀 더 디테일을 넓게 보면 어떨까? 사소한 부분에 상대는 감동받는다. 디테일은 배려다. 일은 주관을 갖고 진행하되 상대방의 입장에서 생각하고 배려하면 "디테일이 남다르다"라는 평가를 받는다.

상대방을 배려하는 것만큼 더 디테일한 것은 없다. 상대방이 감동을 느끼는 정도라면, 눈에 보이지 않는 부분까지 신경 썼다는 이야기다. 그러면 놓치는 부분이 있을 수 없다. 몇 해 전인가 뉴스에서 본 이야기다. 백혈병에 걸린 아이들은 항암 치료로 머리가 빠진다. 어린 나이에 많이 아플 텐데 견디는 게 대견하다. 그런데 백혈병에 걸려 머리가 빠진 친구가 무안해 하지 않도록 같은 반 친구들이 머리를 똑같이 삭발한 아름다운 배려를 봤다. 감동이 밀려온다. 한편 미국의 부시(Bush) 전 대통령도 은퇴 후 아흔에 가까운 나이에 삭발한 뉴스를 본 적 있다. 자신의 전직 경호원의 자녀가 백혈병에 걸려 이를 도우려 같이 삭발한 것이다. 참모를 포함해 많은 인원이 같이 삭발했는데, 보통 배려는 아닌 것 같다.

같은 경우는 아니지만 딸 서연이를 보면서 배려를 생각하게 된 계기가 있다. 처음에는 예쁘게만 보였던 서연이의 머리가 제법 길어 허리 정도까지 오니 사실 아빠로서 관리가 쉽지 않아 보였다. "서연아, 머리가 너무 긴 것 아니야? 조금 자르면 더 예쁠 것 같아!" 했다. 그러자 서연이는 "아빠, 백혈병으로 아픈 친구들 머리를 만들어 주려고, 기증하려고 기르는 거야"라고 말했다. 기증하려면 약 30센티미터가 되어야 한다. 염색이나 파마 등 손상이 되지 않게 관리해야 하는 고충도 감수하고 말이다. 1년 전에 머리를 단발로 잘랐는데, 이상하지 않고 더 예쁘게 보였다. 친구를 생각하는 순수한 마음뿐만 아니라, 배려를 통해 감동을 주는 것 같다. '이렇게 디테일 할 수 있을까?' 생각했다.

최근 기업에서는 디테일을 강조하고 있다. 디테일하게 처리된 업무를 보면 얼마나 잘 관리되고 있는지 알 수 있다. 사소한 것까지 관리된다면 영속성이 있다. 사실 기술력이 있는데 잘나가던 벤처기업이 무너지는 이유 중 하나가 디테일한 관리가 문제인 경우가 있다. 또 기업은 갖가지 리스크를 줄여야 하는데, 디테일이 강해야 리스크를 줄일 수 있다. 사소한 문제를 소홀히 했다가 큰 손실을 입는 기업이 종종 있다.

고객의 신뢰를 얻기 위해 작은 부분에서 디테일 서비스를 강조하고 있다. 제품의 좋은 기능, 품질은 기본이고, 감성을 이용해 서비스를 한다. 요즘 판매의 대세로 떠오르는 인터넷 쇼핑몰에서는 물건을 빠르게 배송하고, 반품도 잘 처리해주며, 고객의 불만을 잘 처리하려고 한다. 이런 노력은 고객에게 디테일한 감동을 잘 이용하는 방법이다.

나도 사소하지만 메일을 통한 업무 시 디테일을 생각해본다. 보내는 내 위주가 아니라 보는 사람 입장에서 한 번 더 생각한다. 문자 크기는 적당한지, 그림이 한눈에 들어오는지, 한 화면에서 쉽게 볼 수 있도록 한다. 특히 내 성격이 꼼꼼한 편이어서 공장의 여러 조건을 디테일하게 관리하는 데 많은 도움이 되고 있다. 그래도 부족한 부분은 보완해보려 노력하고 있다.

재무 1팀 주 대리는 디테일에 대해 배우고 있다. 금액에 관련된 보고라 숫자 오류에 너무 집중된 면이 있었음을 알았다. 이제 보니 금액 숫자가 너무 작고, 부장님이 보기 어려웠을 것 같다는 생각이 들었다. 디테일을 생각하고 보니 부장님에 대한 배려가 없었던 것이다. 글자 크기가 8도 아닌 6도 있었다. 자세히 봐야 겨우 알 수 있는 금액도 있었다. 보고 중 부장이 연신 "음. 음" 하고 불편해 한 이유를 알았다. 받는 사람의 입장을 다시 한번 생각하게 됐다.

회사는 많은 직원이 모여 근무한다. 각자 맡은 일을 빈틈없이 처리하면 좋은 회사로 발전하고, 성장할 것이다. 성장을 유도하고, 인정받는 인재는 디테일에서도 차이가 있게 일한다. 세세하게 처리하는 방법을 넘어 상대방의 마음까지도 생각한다. 마치 바둑에서 두세 수 앞을 보듯 말이다. 디테일의 끝은 배려다. 상대가 배려를 받는다고 생각하면, 디테일하게 챙기고 있는 것이다. 조금 더 배려하고, 디테일을 실천한다면, 당신도 인정받는다.

직장에서 인정받는
사람은 따로 있다

"오 대리, 이번 상반기 평가가 완료됐어요. 좀 안타깝지만 오 대리가 낮은 등급을 받게 됐습니다. 내일 모레 구체적인 사항에 대해 더 자세히 이야기해봅시다. 개선점에 대해 생각해보고, 내가 생각하는 피드백을 같이 준비하지요."

공무팀 현 팀장이 평가에 대해 먼저 설명하는 자리가 있었다. 오 대리는 오전 내내 일이 손에 잡히지 않았다. 어제 팀장님으로 부터 상반기 평가에 대해 대략적인 이야기를 들었다. 평소 평가에 대해 크게 신경 쓰지 않는 편이지만, 낮은 평가에 대해서는 수긍하기 힘들었다. '그냥 시키는 대로 업무를 하면 되는 것 아닌가?' 하고 반문하며 마음을 가라앉히려 하고 있다.

오후 내내 다이어리를 넘겨봤다. 오 대리 자신이 상반기에 어떤 업무를 어떻게 했는지 확인해보고 싶었다. 다이어리를 넘겨보는 시간은 그리 오래 걸리지 않았다. 부끄럽지만 다이어리에 정리된 내용은 모호했고, 그나마 며칠 적혀 있지 않았다. 이것으로 봐서는 본인이 상반기에 무엇에 중점을 두었는지 알 수 없었다. 삭제되지 않은 메일을 검색해봐야 내용이 떠오를 것 같았다. 인정받는 다른 사람은 누구인지 궁금해졌다.

일전에 한국경영자총협회에서 조사한 데이터에 의하면, 대졸 신입사원이 1년 이내 퇴사한 비율이 27.7%였다. 많은 시간을 투자해서 어렵게 취업만 되면 더 이상 바랄 것이 없다며 기뻐했을 텐데, 1년 이내 그만두는 경우가 대략 4명 중 1명이다. 또래들하고 동질감을 가지고 성장하다가 요즘은 사내에서도 많게는 스무 살 이상 차이가 나는 상사부터 두세 살 많은 선배와 같이 경쟁하는 환경이 됐다. 초급사원은 업무를 위한 교육을 받은 후 해야 하는 일들이 많기도 하지만, '고작 이런 일을 하자고 어렵게 입사했나?'라는 반문을 한다. '앞으로 이런 일을 언제까지 해야 하나?' 하고 생각한다. 아직 본인이 하는 일의 가치, 의미를 생각해보지 못하는 시기다.

누구나 직장에서 인정받아 좋은 평가도 받고, 자존감도 높이고 싶다. 인정받는다는 것은 조직에서 원하는 것을 잘 충족했다는 의미일 수 있다. 위치에 따라 요구하는 사항이 다르다. 초급사원에게는 바른 태도를 바탕으로 배우고자 하는 열정, 자세를 요구하고, 중간 관리자에게는 실무를 겸비한 역량을 요구한다. 리더 및 임원에게는 조직 관리 능력 및 리더십을 요구한다. 위치에 따른 경험을 바탕으로 성과를 동반하면 인정받는다.

주위에서 인정받는 사람을 관찰해보면 성실한 자세, 바른 예의, 매너, 배움을 바탕으로 하는 노력을 갖추고 있다. 한마디로 기본이 된 사람들이다. 여기에 덧붙여 특별한 그들의 능력을 정리해본다.

첫째, 일의 의미를 안다. 직장인이 일하는 이유는 한마디로 돈을 벌기 위해서, 먹고살기 위해 급여를 받기 위해서다. 하지만 인정받는 사람들은 여기에만 의미를 두지 않고, 일을 통해서 성장하기 위해 일한다. 배움, 경험을 통해 본인이 성장하고 있다는 의미에 중점을 둔다. 또 다른 면은 누군가에게 도움을 주고 인정받기 위한 욕구를 충족하기 위해서다. 일의 의미를 알기에 목표를 설정해 도전한다. 단순히 상사가 지시하는 주어진 목표가 아닌, 자신이 설정해서 추진하는 경향이 있다.

둘째, 직장인으로서 프로의식을 가지고 있다. 기본적인 출근시간 등 시간을 포함한 규칙을 잘 이해하고 실천한다. 기업의 근본목적이 이익을 도모하기 위한 목적임을 이해하는 사고를 가지고 있다. 본인이 하는 일에 자부심이 남다르다. 회사가 목표로 하는 것과 내가 목표로 하는 것이 일치되어 있는지 확인한다. 대체적으로 조직을 잘 이해하며, 이 가운데 비효율을 줄이는 등 개선에 적극적이다.

셋째, 조직에서 인간관계와 커뮤니케이션 능력이 뛰어나다. 한마디로 사람과 사람 사이의 관계를 이해하고, 소통을 통해 교류하는 방법을 알고 있다. 일은 '혼자 하는 게 아니다'라는 상위개념의 사고를 한다. 내가 필요로 하는 것은 다른 사람이 가지고 있을 수 있으며, 다른 누군가가 필요로 하는 것은 내가 가지고 있어 협업해야 한다는 생각이 있다. 성과를 이루려면 협업을 통해 다른 사람의 도움이 필요하고, 그 바탕에는 인간관계가 중요하다는 것을 안다. 이를 위해 예의 바른 태도, 자기관리, 솔선수범, 경조사 등 자기희생을 통한 신뢰를 형성한다.

넷째, 성과를 내는 역량을 가진다. 목표에 대해 실천할 줄 안다. 정해진 안정된 일만을 추구하지 않는다. 과감히 도전하고 실패를 두려워하지 않는다. 실패를 오히려 기회로 활용한다. 자신의 일을 적극적으로 알린다. 보고 및 피드백을 통해 상사와 결과 및 과정을 공유한다.

다섯째, 자기계발을 통해 자신을 성장시킨다. 성장하려는 욕구가 강해 끊임없이 문제의식을 가지고 학습한다. 경험을 쌓는 일에 게으르지 않으며, 새로 익힌 지식이나 기술을 자기화해 '자기 정리'에 강하다. 누구보다 많은 데이터와 논리로 무장한 프로 직장인을 추구한다.

인정을 받는 것이 꼭 평가를 잘 받는 것만을 말하지 않는다. 한 부분에서 좋은 인정을 받을 수도 있다. 나는 앞서 제시한 다섯 가지 중 첫째와 둘째에서 인정을 받고 있지 않나 조심스럽게 자평한다. 사실 돈만 생각하며 회사에 있었던 것은 아닌 것 같다. 다양한 경험, 아직도 내가 완성하지 못한 최고 경쟁력을 갖춘 제조 공정을 위해 일의 의미를 두고 있다. 이 부분에 나의 역량이 반영되길 바란다. 거창한 프로가 아니더라도 내가 한 일에는 책임을 지려 한다. 내가 조금 불편하더라도 전체의 이익을 위해서는 감수할 수 있다는 생각을 한다. 요즘은 보고할 때도, 보고 받을 때도 규정을 찾아보는 원칙론자가 되는 것 같다. 동료들이 좋아하지 않는 타입이다. 다른 사항은 더 보완해야 하는 과제를 안고 있다. 끈기 있는 노력으로 보완해 더 인정받고자 한다.

나를 표현하는 특성은 '부지런함과 정리정돈'이다. 나는 아침에 여유 있게 생각하기 위해 일찍 출근한다. 한마디로 부지런하다. 뛰어난 머리가 없으니 남들보다 많이 보고, 관찰하자는 마음이 나의 부지런함을 키웠는지 모른다. 아니, 부지런한 부모님에게 물려받은 유전적 특성인지도 모른다. 두 분 다 엄청 부지런하시다. 그리고 깔끔하시다. 나의 책상은 항상 깨끗하다. 흐트러진 상태에서 여러 일을 하지 못한다. 일단 정리하고 일을 시작한다. 나의 이러한 특성을 남들도 인정하는지는 모르겠다. 하지만 상사 중 한 분이 나의 특성을 인정해주신 것 같다. 오래전 일이지만 공장의 특성상 큰 개선 공사를 하면 여러 가지가 복잡하고, 정리가 잘되지 않는 측면이 있다. 주변 환경과 엔지니어링적인 데이터, 근거 등 논리적인 정리가 필요한 경우 꼭 내게 맡기곤 했다. 나중에 사석에서 '나의 성실함과 꼼꼼함'은 단점보다는 장점이 많으니 나중에 여러 사람이 찾을 것이라는 조언도 해주셨다. 그 뒤 출근 시간이 더 빨라진 것 같다.

상사가 구성원을 편애하면 안 된다. 하지만 편애하게 만드는 구성원도 있다. 잘 소통하고 좋아하게 행동한다. 그중에 보통의 구성원이 어려워하는 보고를 깔끔하게 해서 인정받는 사람이 있다. 이들의 행동을 분석해보면 보고나 지시사항 시 바른 태도로 끝까지 듣는다. 모르는 사항은 이해될 때까지 묻는다. 정확히 이해했으니 실수가 적다. 지시가 끝나면 맞는지 요점을 정리해 확인한다. 대체적으로 가능한 빨리 피드백 한다. 묻기 전에 반응하니 어찌 편애하지 않을 수 있는가? 보고의 기본을 잘 알고 있다. 두괄식 보고, 중간 보고, 1페이지 리포트 등 기본적으로 잘하는 방법을 알고 적용해보려는 노력이 있다. 어디를 가든 내용이 변경될 뿐 방법이 틀리지는 않는다는 것을 알고 있다.

"꼭 평가를 위해서라기보다는 일을 대하는 태도를 적극적으로 변경해보겠습니다."

오 대리가 현 팀장의 피드백을 받고 말했다. 한번에 모든 것을 개선할 수는 없겠지만, 우선 태도를 적극적으로 바꾸고, 업무를 추진할 때 좀 더 명확한 스스로의 목표를 가져보기로 했다. 이와 관련한 중간 과정을 당분간 주간 단위로 상세 계획과 시행 결과를 별도 보고하기로 했다. 불과 일주일이 지나지 않아 오 대리의 평판이 긍정적으로 변했다.

직장에서 평가를 떠나 상사나 동료로부터 좋은 평판을 받는 것만큼 기분 좋은 것은 없다. 단기적인 성과나 행동으로 인정받는 게 아니다. 일반적이지 않은 본인의 일을 사랑하는 사람들이다. 초급사원 때부터 목표를 가지고 꾸준히 자기만의 직장생활을 하는 경향이 있다. 업무에 관련된 전문성을 갖고자 역량을 끊임없이 발전시킨다. 조직에서의 관계성을 향상하고자 노력한다. 이 부분에는 먼저 다가가는 포용도 있으며 희생도 있다. 이것을 손해라고 생각하지 않는다. 우리가 인정한다는 것은 결과보다는 그 사람의 꾸준한 노력에 대한 보상이 아닌가 생각한다. 누구나 인정받는 목표를 가지고 진정성을 보이면 좋은 결과가 머지않은 시간에 나타날 것이다.

동사형 인간처럼
움직여라

"다음 주가 적용인데 테스트 결과는 어떻게 됐나요?"

TFT를 이끌고 있는 개발팀 윤 차장이 물었다.

"아직 검증하지 못한 것으로 알고 있습니다."

TFT 간사 개발팀 최 과장이 말했다.

"누가 담당인데 아직 완료되지 않았죠?"
"품질관리 1팀 조 주임에게 샘플을 일주일 전에 넘겼는데 아직
결과를 받지 못했습니다."

윤 차장이 답답한 마음에 조 주임에게 전화한다.

"네, 품질관리 1팀 조경수 주임입니다."
"응, 조 주임, 나 개발팀 윤 차장인데 테스트 결과 나왔나요?"
"네, 차장님 테스트 결과요? 아직 못 챙겼는데, 바로 확인해 조치하겠습니다."

전화기 너머로 윤 차장의 짜증내는 소리가 계속 들린다. 조 주임은 전화를 끊으며, '다른 업무를 하다 보니 또 놓쳤네. 의뢰를 빨리할걸. 미루다 늦었네' 하며 좀 더 적극적으로 챙길걸 하는 후회가 든다.

직장에서 보내는 시간은 많다. 잠자는 시간을 제외하고, 직장에서 근무하는 시간이 평일에는 집에서 가족과 보내는 시간보다 더 길다. 직장에서 생활하다 보면 동료들의 웬만한 성격을 많이 알게 된다. 직장에서 생활하다 보면 업무를 하는 스타일이 조금 다른 면을 본다. 이를 축구 경기에 비유해봤다.

우선 공격수(FW)형이다. 일단 자기에게 오는 업무는 툭툭 던진다. 골을 넣어야 된다는 부담 때문인지 바로바로 보고한다. 내용이 맞든 틀리든, 기회가 되면 바로 나서서 보고하기 좋아하는 스타일이다. 동료들이 머뭇거리는 사항도 "내가 하지 뭐" 하면서 나서서 챙기는 스타일이다. 아무래도 나서서 일하는 편이다 보니,

주변에서 많이들 인지하고 있다. 남아서 업무하는 편이 아니다. 반 정도만 준비되어도 보고를 하고, 주변에 바로 공유한다.

미드필더(MF)형이다. 직장에서 보면 제일 바쁘다. 이것저것 관여하는 사항이 많다. 주어진 업무를 자기가 이해했다고 느낄 때 보고한다. 한 박자 늦는다는 피드백을 받는다. 일을 주면 거절하는 법이 없다. 늦게까지 남아 업무하는 스타일이다. 자신이 일일이 챙기는 면이 있어 깊이가 있다. 상사가 자주 찾는 사람들이 이 부류에 속한다.

수비수(DF) 및 골키퍼(GK)형이다. 방어적 기질이 있다. 관련 팀과 회의하면 우리 팀 업무가 아니라는 논리가 먼저 앞서고, 팀에서는 내가 할 일이 아니라고 선을 긋는다. 업무를 펑크내거나 못 챙기지는 않는데, 들어가면 잘 나오지 않는다. 보고하라고 찾을 때까지 자발적으로 나서지 못하는 스타일이다. 상사가 장기적이거나 조사가 필요한 업무를 주로 맡긴다. 순발력에서는 조금 다른 측면이 있다.

축구 마니아가 아니어도 월드컵, 올림픽 등 큰 이벤트가 있으면 밤잠을 설쳐서라도 본다. 이때 중계방송 해설가가 많이 하는 말이 있다.

"빨리 움직여야 합니다. 기다리면 안 됩니다. 패스해야죠. 패스 패스!"

나는 자주 일의 진행을 이 축구공에 비유한다. 각자 맡은 업무를 깊이 있게 검토하는 것이야 기본이다. 직장에서는 혼자 일하지 않는다. 동료나 관련 부서와 협업하고, 결과나 과정을 보고의 형태로 승인받는 일련의 과정을 거친다. 나로 인해 지연되고 "나한테 들어가면 나오지 않는다"라는 이야기를 들어서는 곤란하다.

선수들끼리 볼을 가지고 있으면 패스하라고 한다. 업무도 같다. 나에게 주어진 업무는 패스해야 한다. 요청 메일이 나에게 오면 바로 미루지 않고 토스한다. 내가 할 일이 아니거나, 관련 사항이 아니면 바로 알려주자. 중간 관리자에게서 결재가 올라오면 바로 처리하자. 기다리지 말고 움직여라. 동료가 못 했다고, 일정이 지났는데 오지 않는다고 기다릴 것이 아니라 물어보자. 잊었다면 알려주고, 모르는 사항이 있으면 자신의 노하우를 공유하자. 움직이는 만큼 평판이 들린다. 인정도 같이 따라온다.

해외 법인에 근무하던 시절이 있었다. 본사에서 제조 공정 조건을 확인해 달라고 했는데, 약간의 테스트와 공정 조건만 확인하면 되는 일이었다. 현지 담당자에게 요청한 지 한 달 가까이 됐는데, 피드백이 없어 나에게 도움을 요청한 건이다. 현지 담당자 A에게 어디까지 진행됐는지 물으니 메일로 B에게 전달해서 기다리고 있다고 했다. B에게 가서 물으니 C가 확인해줘야 한다며 기다린다는 것이었다. C에게 가서 물으니 A가 정리해줘야 한단다. 그래서 관련 메일을 내게 토스해 달라고 했다. 메일을 보고서 충격을 받았다. 한 달 동안 내 일이 아니라고 미루다가 서로 확인해 달라는 메일만 주고받은 게 100통이 넘은 것 같다. 같은 사무실에서 걸어서 열 걸음이 채 걸리지 않는데, 물으면 바로 답이 나오는 사항을 메일로만 토스하고 있었다. 차 한잔하자고 모이자 해서 10분 만에 정리해서 본사에 송부했다. 맞고 틀리고를 떠나 다 그런 것은 아니지만, 많은 부분이 이런 식으로 처리되는 것을 보고 문화의 차이를 느꼈다. 배울 점이 아니라는 생각이 들었다.

내가 근무하는 공장 같은 곳에서는 현장 확인이 무엇보다 중요하다. 간혹 초급사원이 가져오는 내용을 보면 현장 확인을 했느냐고 물으면 머뭇거린다. 이론과 계산으로는 맞는지 모르지만, 현실과 확인하는 작업은 필수다. 알게 모르게 우리가 모르는 변수가 다양하게 존재한다는 방증이다. 정확한 결과를 얻기 위함은 당연하다. 초급사원에게 잔소리를 하면서까지 강조하는 이유는 하나 더 있다. 서술형으로 나열만 하면 일은 완료되는지 모르지만 남는 게 없다. 현장, 현물을 보고 분석하는 과정에서 더 많은 배움이 있다. 또 초급사원 때 이렇게 많이 보고 생각하는 시간이 지나면 느끼는 경우가 있다. 많이 움직여 볼 것을 코칭한다.

나는 가끔 내가 '명사형' 인간인지, '동사형' 인간인지 생각해본다. 명사형 인간은 사고를 중시하는 경향이 있다. 일의 원리, 논리를 먼저 생각하고 그 의미를 확인하는 형이다. 니체(Nietzsche), 칸트(Kant) 같은 철학자들이 명사형이다. 직장인들이라면 탁상공론(卓上空論)에 빠지지 않도록 유의해야 한다.

동사형 인간은 관계를 중시한다. 국어나 영어에서도 동사 중심으로 의미가 전달되지 않는가? 동사의 특징처럼 정체되어 있지 않고, 계속 변화하는 에너지를 가진 사람을 말한다. 직장이라는 조직은 여러 사람이 모인 관계의 집합이다. 동사형 인간은 개별적으로 존재하는 것보다 타인과의 관계를 맺으면서 끊임없이 움직이는 특성이 있다. 기업의 조직 문화에서 필요로 하는 인재인지도 모른다.

나는 중간인 것 같다. 동명사형이라 생각한다. 명사형이든, 동사형이든 중요하지 않은 것은 없는 것 같다. 다만 초급사원들은 그 시절에는 동사형 인간처럼 순수한 마음으로 관계를 맺고 많이 움직여 볼 것을 더 코칭한다. 관계를 맺고, 움직이는 과정에서 다양한 시행착오와 경험을 쌓기를 바란다.

조 주임의 행동이 빨라졌다. 아니, 정확하게는 업무 처리 속도에 변화가 생겼다. 조 주임의 피드백이 빨라졌다는 이야기다. 본인이 처리할 일이 아닌 경우는 소극적으로 대응하지 않는다. 지금은 "그 건은 내가 담당하는 것보다는 품질관리 2팀 김 대리에게 물어보는 것이 맞을 것 같습니다"라고 피드백이 온다. 본인의 일을 미루는 것이 아니고, 관계성이 확장되어 적극적으로 움직이는 일의 성장이 눈에 띄게 됐다. 조 주임 자신도 '먼저 움직이면 일이 더 빨리 맺음이 되네' 하며 적극적으로 추진하는 의미를 알게 됐다.

직장에서 적극적으로 움직이라는 말을 듣는다. 또 적극적으로 일을 한다고 하는데도 이런 말을 듣는 경우도 있다. 참 속상한 경우다. 직장은 조직이다. 관계의 집합이다. 동료나 상사가 나의 일을 기다리지 않게 하자. 볼을 받았으면 빠른 시일 내 패스하자. 정확한 패스를 하자. 정확한 패스는 상대를 배려하지 않으면 전달되지 못한다. 직장 일도 마찬가지다. 동사형 인간이란 일의 과정에 적극적으로 움직이는 것이다. 기다리지 말자. 과정에서 정체된 것은 물어보고 알려주는 배려가 필요하다. 인정받는 직원은 동사형 직원이다. 당신도 동사형 인간이 될 수 있다.

3장

회사에서 통하는 일 잘하는 노하우

보이게 일하는
힘은 강하다

'누를까? 말까? 어디까지 보내야지?'

생산관리부 구 주임은 30분째 고민하고 있다. 재고가 부족해 관련 팀에 메일을 보내려는데, 어디까지 공유해야 하는지 망설이고 있다. 퇴근 후라 물어볼 사람도 없다. 계획 변경이니 팀장님들도 알아야 할 것 같은데, 괜히 못 챙겼다고 꾸중 들을 것 같기도 해서 엔터 키를 누르지 못하고 있다.

'별일 있겠어? 그냥 편한 동기들에게만 보내도 처리되겠지?' 하고 보낸다. 하지만 이렇게 소극적으로 대응한 일은 문제가 커졌다. 늦게 공유되면서 협력업체도 준비가 늦어 생산이 결품되어 고객에 문제되기 일보 직전까지 가는 문제로 발전했다.

직장에서 흔하게 일어나는 상황이다. 보고의 문제라기보다는 공유와 협력의 중요성이 배제된 내용이다. 누구나 한번쯤은 직장에서 겪었을 것이다. 공유가 된 내용은 협조를 잘 받아 일이 술술 풀린다. 협업이 되니 결과도 좋다. 이 과정에서 인정을 받고 성장한다. 회사에서 혼자 해결할 수 있는 문제는 거의 없다. 특히 제조업의 경우는 창조적 설계를 통한 제품의 규격이 있어야 하고, 재료를 투입해 완제품이 만들어진다. 적게는 수십 공정에서 수백 가지 공정을 거쳐 생산된다. 많은 조직 및 인력이 같은 목표와 진행 과정을 이해해야 완벽한 제품이 탄생할 수 있다. 각 조직이 각 단위에서 제 역할을 해야 하고, 공유를 통한 협력이 병행되어야 한다.

일을 보이게 하는 힘은 정말 강하고 중요하다. 그런데 잘되지 않는 이유는 뭘까?

첫째, 공유와 협업의 중요성을 제대로 알지 못하기 때문이다. 필요하다고는 느끼지만, 실제로 일의 진행을 요청하고 공유하며 협업해 결과를 얻는 과정을 경험하지 못했기 때문이다. 초급사원은 대부분 받아서 업무를 처리하다 보니 생각하지 못한다.

둘째, 보이는 힘이 강한 만큼 책임과 근거가 필요하기 때문이다. 누구에게 보여주기 위해서는 보여줄 만큼의 논리와 근거 있어야 한다. 내가 일의 진행을 보여줄 만큼 준비가 부족하니 보여주기 어렵다. 이슈에 대한 나의 지식, 업무 능력, 절차, 주변 관계의 능력을 점검해볼 필요가 있다.

셋째, 내가 이 문제를 풀고자 하는 적극성이 느슨하면 보여주지 못한다. 결국 보여준다는 것은 일의 확대로 전개되고, 지시받게 된다. 일의 방향을 공유해 빠른 결과를 얻고자 하는 과정에서 다양한 의견, 방법이 모색될 수 있다. 바른 방향으로 가는 일의 과정을 보는 관점에 따라서는 소극적으로, 안 해도 되는 일을 한다고 생각한다. 혼자 대충 접다 보면 언젠가는 문제가 드러나며, 이후 결과는 후유증이 크다. 본인의 성장을 스스로 닫는 과오를 범한다.

지금의 기업들은 분업화, 세분화된 전문성을 요구한다. 한편으로 이런 부분의 부작용으로 조직 이기주의가 심화되고 있다. 빠른 스피드를 통한 의사 결정이 필요한데, 공유와 협업이 늦어 부서 이기주의로 발전한다. 이러한 기업의 경쟁력을 떨어트리는 폐해를 줄이고자 스스로 많은 노력을 하고 있다.

기업이 망하는 이유 중 하나가 '회사 안에 담을 쌓아서'라고 진단한다. 공유와 협력을 하지 않는 기업은 생산적, 효율적이지 못해 일의 처리가 후진적이다. 그래서 일부 기업은 벽을 허무는 노력을 하고 있다.

우리가 잘 아는 글로벌 기업 페이스북 사무실 내부에는 부서별 칸막이가 없다고 한다. 사무실 전체가 홀처럼 꾸며져 있고, 부서를 구분 짓는 벽이나 칸막이를 찾아볼 수 없다. 디자이너, 기획자, 엔지니어 모두 자유롭게 아이디어를 나누고, 누가 무슨 일을 하는지 공유한다. 또 다른 점은 사장실이 없다는 것이다. CEO인 마크 저커버그(Mark Zuckerberg) 역시 다른 직원과 똑같은 책상을 쓴다고 한다. 물론 창의적인 IT 기업이라서 그럴 수도 있다. 이외에도 마이크로소프트, 구글, 애플, 유니클로 등이 페이스북처럼 개방형 구조를 가지고 있다. 하지만 오픈된 공간을 가지고 있다고 해서 공유와 협력이 해결되는 것은 아니다. 오픈된 공간을 통해 보다 쉽게 실질적으로 일을 공유하고 협력을 강조해 조직의 투명성이 보장되고, 조직 전체가 한 방향으로 바라보게 하려는 노력의 일환으로 보면 된다.

나의 경험으로 이야기하는데, 여기서 보이게 일하는 힘은 '티내며 일하자'가 아니다. 내가 한 성과를 뺏기지 않기 위해, 일하는 것처럼 보이기 위해 '티내며 일하자'가 아님을 초급사원들에게 전한다. 일의 진행 과정을 제대로 이해해주기 바란다.

지시받은 업무든, 내가 스스로 찾은 일이든, 정해진 루틴한 일이든 혼자 해결하는 일이 아닌 경우, 시작은 왜와 목적을 찾아야 한다. 팀 업무든, 개인의 업무든 상대방에게 보여줘야 이해할 수 있다. 왜 해야 하는지, 목표는 무엇인지 과감하게 오픈해 보이게 하자. 보이게 하는 방법에는 여러 가지가 있다. 회의, 전화, SNS 등이 있을 수 있는데, 공식적으로 보이게 하는 것은 메일이 보편화되고 있다.

초급사원이 메일로 보일 때 고민하는 것이 앞선 사례와 같이 어디까지 공유하느냐다. 나도 직장생활을 오래했지만 정해진 정답은 없다. 다만, 사적인 안부 내용이 아니면, 관련 팀과 공유, 협업하는 내용은 팀장을 참조로 포함하는 것이 일반적이다. 그렇지 않으면 추가 지시, 확인 등 일이 늘어날 수 있다. 그것은 그만큼 내 근거, 업무 장악이 부족하기 때문이다. 하나하나 배워가는 게 답이다. 또 수신에 상사는 병렬 수준으로 공유하는 게 예의다. 가령, 팀장 위에 우리 팀 본부장이 수신에 포함된다면, 관련 팀 본부장도 동등 수준으로 공유되면 실수하지 않는다.

이제 일의 시작이 보여졌다. 다음은 무엇을 하고 있는지, 어떻게 하고 있는지 보이게 해라. 흔히 하는 실수가 시작을 했으니 결과만 보고하면 된다고 생각하는데, 사실은 과정이 더 중요하다. 상사들은 궁금하다. 일이 잘되고 있는지, 일정에 문제가 없는지, 테스트 결과는 어떤지 등에서 그렇다. 직접 일하지는 않지만 관심은 담당자 못지않게 갖고 있다. 묻기 전에 보이는 힘은 강하다. 방법이 맞는지, 과정에 착오는 없는지, 더하고 빼야 하는 일은 없는지 과정을 보이면, 공유와 협력의 효력이 유지된다.

마지막으로 누가 어떤 성과를 냈는지 분명히 보여라. 결론을 먼저 보이는 것이 우선이다. 결과가 좋으면 당당하게 보일 수 있다. 좋지 않은 결과도 보이는 것이 중요하다. 무슨 성과를 냈는지 보이자. 공유와 협업은 누가 주도했는지, 어떤 역할을 했는지 보이게 하는 사람의 의무다. '굳이 티나게 일하지 말자'라고 했다. 성과에 본인 이야기는 굳이 보일 필요가 없다. 상사는 처음부터 메일로 과정을 지켜봐서 내용을 알고 있기 때문이다. 보이는 힘은 강하다는 것을 상사도 말해주고 싶다.

앞선 사례의 생산관리팀 구 주임에게는 보이는 힘을 코칭하고 싶다. 이와 관련한 책을 읽어 보기를 권한다. 솔로몬연구소 대표이자 '변화 코칭' 전문가인 김성호 저자가 쓴 《보이게 일하라》를 일전에 읽은 적 있다. 일의 과정에 대해 다시 한번 생각해보는 계기가 됐다.

'일의 진행을 내가 너무 소극적으로 봤네. 보이게 일하는 공유와 협력에 대해 배워야겠어.'

구 주임은 이번 일로 인해 적극적으로 업무를 하려고 생각하고 있다.

지금은 코로나로 흩어지는 중이다. 그러나 보여야 하는 것도 있다. 몸은 떨어져도 일의 공유를 통해 어디로 가고 있는지, 어떻게 일이 진행되는지, 어디쯤 가고 있는지 알아야 한다. 단지 일을 보이며 자랑하자는 것이 아니다. 일을 보여 어떻게 진행되는지 보여야 한다. 굳이 몸이 모일 필요도 없다. 진정 일을 잘하고 마무리하려는 목표, 의지가 있다면 내가 하는 일을 적극적으로 보여주자. 과정에서 배움이 있고, 나를 성장시킨다. 성과와 인정은 자연스럽게 얻는다. 보이게 일하는 힘이 얼마나 강한지 다시 한번 느껴 보시라.

보고는 두괄식이 답이다

구매부서 표 대리는 이른 아침부터 분주하다. 아침도 먹는 둥 마는 둥 하고 커피를 계속 마셨다. 오후 3시에 있는 보고 때문에 마음이 급하다. 이틀 전 고 부장에게 지시받은 사항이 있었다.

"표 대리, 이번 캐스팅 업체 선정 관련해서 각 업체별 능력 및 품질 실적, 납기 등을 고려한 업체 선정보고를 해주시기 바랍니다. 기한은 내일 모레 3시에 봅시다."

어제도 조금 늦은 시간까지 보고 준비를 했다. 업체별로 필요한 데이터는 받아 정리했고, 그래프도 업체별로 구현하는 단계다. '몇 번 김 과장님을 도와서 보고서를 써보기는 했지만, 내가 혼자 하는 건 처음이라 보고서를 어떻게 정리해야 할지 막막하네' 표 대리의 고민은 앞으로 더 나아가지 못하고 있다.

회사 업무 중 상당수는 상사로부터 지시를 받고, 이를 분석, 정리해 보고하는 일로 이뤄진다. 보고에 익숙하지 않으면 한없이 어려운 게 보고 업무다. 보고에도 여러 종류가 있다. 원인을 분석하는 조사 보고, 각종 이슈를 보고하는 현황 보고, 예측을 위한 분석 계획 보고 등 상사에게 일의 진행을 알리는 행위 자체가 모두 보고라고 할 수 있다. 여러 보고 종류 중에서 보고서 형태로 보고해야 하는 일이 많다. 익숙하지 않으면 보고서 작성 자체가 쉽지 않다. '처음에 뭐라고 써야 하지?' 하고 혼자 고민하다가 일정을 놓쳐 더 어려운 상황으로 발전하는 경우가 초급사원에게 많다.

초급사원이 작성하는 보고서에서 흔히 하는 실수가 있다. 본인이 한 일 자체 모두를 문서로 여러 장 작성하는 것이다. 일단 핵심을 모르고, 본인이 생각해서 찾아본 데이터, 자료 등을 열거하는 것이다. 일단 잘은 모르겠지만 장수가 많으면 일한 것처럼 보이는 경우가 있으니 자기 위안이 되기는 한다. 그리고 내용이 작성 또는 조사한 시간순으로 펼쳐 보이게 하는 경우다.

보고서도 일종의 커뮤니케이션 중 하나다. 보고를 받는 사람이 보고서를 바탕으로 이해, 판단, 결정을 하기 위함이다. 보고서를 잘 작성하기 위해서는 첫째, 지시한 상사의 의중을 먼저 정확히 이해해서 이를 바탕으로 보고서를 작성하는 게 우선이다. 이를 위해 먼저 보고서의 목적, 작성 사유를 정의할 필요가 있다. 이렇게 하면 보고 내용이 쉽게 정리되고, 불필요한 내용에 현혹되지 않는다.

제목 : 캐스팅 업체 선정 보고

1. 각 업체별 현황(서술형으로 작성)
   1) A사 : 캐파 양호하고, 품질 지수 중간, 납기 실적 우수
   2) B사 : 캐파 미흡하고, 품질 문제 '20년 다수 발생, 납기 중간
   3) C사 : 캐파 불안하고, 품질 문제 다량 발생, 납기 지연 5회 발생

2. 여러 지표를 비교했을 때 A사가 최적으로 판단되어 선정함이 유리함.

   *캐파(Capa.) : Capacity의 약자로 공급능력을 말함.

일반 보고서

제목 : 캐스팅 업체 선정 보고

1. 목적 : 지표 분석(캐파, 품질 지수, 납기 실적)을 통한 최적 캐스팅 업체 선정

2. 결론 : 지표를 통해 종합적으로 분석 시 A사가 이번 캐스팅 업체 선정에
   적합한 것으로 판단함.

3. 근거 및 지표 분석 현황

지표	A사	B사	C사
여유 캐파	50만 대	10만 대	0
납품 가격	–	–	–
품질 지수	0건	10건	5건
납기 실적	0일 지연	10일 지연	5일 지연

   → 구체적 숫자 및 객관적 지수로 비교

4. 검토 소견 : 이번에 많이 배우는 계기가 되었으며, 각 업체별 재무 상황을
   고려할 필요가 있음(B, C사 재무 상황 어려움).

두괄식 보고서

둘째, 검토한 사항에 대한 결론을 먼저 말하는 '두괄식 보고서'를 작성하는 것이다. 대부분 보고 받는 상사는 시간이 부족하다. 결론을 먼저 보고 후에 팩트 및 논리를 확인하는 순서가 이해하기도 쉽다. 보고서는 단순하게 요약하는 게 기술이다. 한 페이지로 핵심만 요약하고, 이를 뒷받침하는 근거, 데이터는 첨부 또는 뒷장에 정리한다.

셋째, 중요한 것은 결론의 재해석이다. 보고의 형식도 중요하지만, 더 중요한 것은 보고자의 의견이다. 각종 데이터 자료를 취사선택하고, 이것을 결론으로 도출하는 근거와 원리를 논리적으로 전개할 때 본인의 가치가 올라가고, 인정을 받게 된다. 흔히 초급사원들이 하는 행동이 조사한 사항에 대한 나열은 많이 하는데, "그래서 결론이 뭐야?"라고 물으면 식은땀만 흘리고 난처해 한다. 더 난처한 경우는 "당신 의견은 뭐야? 나보고 어떻게 하라고?" 물으면 어떻게 해야 할지 몰라 이 순간이 지나갔으면 한다.

부족해도 좋다. 틀려도 괜찮다. "내가 이런 사항을 검토했더니 이게 어때서 좋았다"라고 자신 있게 말해보자. 보고하는 요령도 있다. 철저하게 듣는 사람이 편하게 전달하자. 이번에 보고하는 목적은 뭐고, 검토 결과 이렇다라고 핵심을 말하고, 이후에 근거를 말하면 듣는 사람도 이해하기 쉽다. 객관적 사실 후에 본인 이야기를 곁들이자. 검토한 사람으로서 소견은 어떻다 하고 말해보자.

요즘 나는 보고를 받는 위치이기도 하고, 또 보고하는 위치이기도 하다. 특히 보고하는 내용이 품질, 고장 등 공정에서 발생되는 원인을 조사하는 보고가 많다. 각종 자료만 시간순으로 나열하고, 결론을 내주기를 바라는 문서가 많은 것 또한 사실이다. 나도 초급 사원 시절, 생산 향상 계획 보고서로 며칠 밤을 새며 작성한 경우도 있다. 잘 안 되니 내가 아는 내용을 펼쳐 놓고 "어떻게 해야 하나요?" 하고 물어보는 수준이다. 이렇게 펼쳐 놓는 수준이다 보니 "네 생각이 뭐야?" 하고 물으면 그제야 다시 생각하고 말했다.

일반적으로 직장생활을 5년 정도 해야 본인 생각을 정리해 말할 수 있는 것 같다. 소통의 한 종류이지만, 보고가 대부분 어려운 것이 사실이다. 하지만 보고를 어려운 업무라고만 생각하지 말고, '보고는 내 자랑을 하는 자리다'라고 생각해보자. "이것을 조사하면서 이런 것을 알게 됐고, 이런 게 있더라" 하면서 상사가 아는 내용이라도 말해보자. "내가 이렇게 노력했다"라고 은근히 자랑해보자. 대부분 상사들은 새로운 내용이라고 하더라도, 보고서 수준을 보면 이 친구가 얼마나 노력했는지 귀신같이 안다. 달리 상사가 아니다. 노력한 자랑을 하면 그래도 받아 준다. 나도 받아 주고 있다. 속으로 '녀석, 은근히 자기 자랑하고 있네. 그래 그러면서 크는 거야' 하면서 용기를 준다. 또 한편으로 보고하는 입장이 되면, 나도 은근히 자랑한다.

"우리 팀 진 대리가 이번에 많이 노력했습니다. 나날이 발전하고 있습니다."

오후 3시에 구매부서 표 대리는 고 부장에게 업체 관련 보고를 하고 있다. 목적을 먼저 말한다. 보고의 범위를 규정하고, 사유를 분명히 한다. 시간을 단축하고, 고 부장이 궁금한 업체 순위 A, B, C를 먼저 보고한다. 그 근거로 준비한 세 가지 사유를 논리적으로 펼친다. 근거는 캐파(Capa. 공급능력), 품질 지수, 납기 실적을 제시한다. 여기까지 듣고 고 부장이 한마디 한다.

"표 대리, 준비를 잘했고 설명을 잘해줘서 이해하기 쉬웠습니다."

표 대리의 얼굴 표정이 한층 밝아졌다. 구매 고수 김 차장에게 살짝 '두괄식 보고'에 대해 사전 지도를 받았다. 그 효과는 표 대리가 만족하는 상황이다. 이에 자신감을 얻어 표 대리는 추가 자랑을 더 했다.

"부장님, 이번에 조사하면서 알게 된 내용인데, 각 업체별로 재무 상황이 조금은 다른 것 같습니다. 이 부분도 고려를 해야 할 것 같습니다."

고 부장의 표정이 한층 밝아진다.

"부장님 덕분에 이번에 많이 배우는 계기가 됐습니다. 늦게까지 정리했습니다만, 조금 부족한 면이 있습니다. 다음에는 더 잘할 수 있을 것 같습니다."

고 부장이 그러면서 배우는 거라고 "잘했다"고 마지막 칭찬을 덧붙였다. 표 대리의 얼굴이 환해졌다.

요즘은 코로나 때문에 보고 형태도 많이 바뀌었다. 대면 보고도 있지만, 유선으로 하는 구두 보고도 있고, 온라인을 이용한 메일 보고도 있다. 이 경우에도 의사 전달에는 두괄식 보고가 유효하다. 구두 보고 시 전달할 사항은 "몇 가지다"라고 먼저 말한다. 그리고 순서대로 근거를 설명하면 듣는 입장에서 이해하기 쉽다. 메일로 의사 전달을 할 경우에도 요령이 있다. 메일은 처음 여는 화면의 크기에 제약이 있다. 보고 내용을 '서론-본론(검토 내용)-결론'으로 정리하다 보면, 스크롤바를 한참 내려 마지막에 가서야 뭘 하려는지 아는 경우가 많다. 시간 없는 직장인의 인내에도 한계가 있다. 잘 보지 않고 짜증낸다. 특히 요즘은 휴대폰으로 사내 메일을 보고 검토, 지시하는 상황이다.

휴대폰 화면은 더 작아서 주저리주저리 하다 마지막에 내용을 정리하면, 보는 사람 입장에서 답답하다. 내용이 길고 데이터 등이 있다면 서두에 '내용 요약'이라고 핵심을 정리해주면 한층 세련된 의사소통을 할 수 있다. 긴 메일을 읽었는데 누구한테 요청하는지 알 수 없다면 일에 혼돈이 생긴다.

보고라는 업무 자체가 쉽지 않다. 하지만 요령을 알면 익숙해질 수 있다. 자신감을 갖는 데는 두괄식 보고가 답이다. 핵심을 먼저 전달하는 습관이 필요하다. 그렇지 않아도 어려운 상사이고, 경험도 많은 분에게 보고하는 것은 어렵다. 진심을 가지고, 본인이 아는 내용을 성심성의껏 전달하려고 노력해보자. 부족한 면이 있다면 보완하면 된다. 자신감을 가지고 부딪쳐 보자. 조금 더 세련되고, 나날이 발전됨을 주변에서 피드백 받을 것이다. 보고하는 행위도 준비한 만큼 빛난다.

우선순위를 알아도
반은 성공이다

웅, 웅.

오전 10시 10분, 서 주임의 휴대폰이 계속 울리고 있다.

"서 주임, 나 김 반장인데 생산계획 언제 나오는 거야? 바로 자재 떨어지는데."
"네, 반장님, 바로 확인해서 알려드리겠습니다."

"여기 중역실인데요, 상무님 지시자료 어떻게 됐나요?"
"네, 지금 하고 있는데 오전 중으로 보내드리겠습니다."
"너무 늦어요. 찾고 계세요."

"서 주임, 지금 회의 안 오고 뭐해요? 모두 기다리고 있어요."

"어? 회의요? 무슨 회의… 아! 대책회의요? 미안합니다. 지금은 가기 힘들어요."

생산관리팀 서 주임 오전 상황은 전쟁이 따로 없었다. 여러 일이 한꺼번에 몰리면서 무엇부터 처리해야 하는지 우왕좌왕했다. 오늘따라 팀장님도 없고, 힘든 하루다. '왜 이리 두서없이 일하는지… 다른 사람은 안 그런 것 같던데' 하는 자괴감이 밀려왔다. 관련 부서에서 일 처리에 문제 있다는 이야기도 들리는 것 같고, 다른 방법이 없을까 고민이다.

직장인들은 하루가 어떻게 지나갔는지도 모르게 바쁘게 산다. 한 가지 일만 하는 게 아니다. 사실 회사에 출근하면 자리에 진득하게 앉아 있을 시간도 없을 만큼 할 일이 많다. 물론 이 중에는 개선해야 하는 비효율적인 업무도 있다. 이렇게 지내다 보면 초급사원에게서는 업무 중 실수로 고민하는 이가 있다. 실수는 누구나 할 수 있지만, 지속적으로 업무 실수가 일어나거나 업무 자체를 잊어버리는 경우가 있으면 좋은 인상을 받지 못한다. 본인의 자신감도 떨어질 수 있으니 이에 대한 개선방안을 소개한다.

첫째, 메모를 습관화하자. 주위에 보면 갓 입사해 업무를 막 배우는 초급사원이나 어느 정도 경력이 있는 직원도 메모를 습관화하지 않아 놓치는 경우가 있다. 각종 일정이나 요청 받은 업무 자체를 잊어버리는데, 이 부분부터 개선해야 한다. 특히 분기나 연간 발생되는 비정기적인 업무를 놓치다가 부랴부랴 대충 처리한다. 일의 질이 떨어지고, 신뢰를 잃는다.

둘째, 우선순위를 정해서 업무를 나눠야 한다. 회사에서 인정받는 직원은 우선순위를 정해 상황에 맞추어 잘 대응한다. 동시다발적인 업무도 끄떡없다. 업무를 진행하다 보면 업무의 중요도가 있고, 시급한 사항이 있다. 이에 따라 상황별 스케줄을 조정하는 것만큼 중요한 것은 없다는 것을 아는 사람들이다. 초급사원은 아직 전체를 보지 못한다. 중요도를 결정하기에는 업무 스킬이 너무 적어 어려워한다. 경력이 조금 쌓인 직원들은 업무가 몰리면서 일정이 꼬이는 경우 풀지 못하는 어려움을 호소한다. 꼬인 일정만큼 실타래를 푸는 것도 어렵다. 이해관계가 많은 꼬인 업무는 철저하게 오픈해야 한다. 과정을 공유해 조정할 수 있는 사항은 조정하는 게 중요하다.

셋째, 실수를 했을 때 빠른 보고로 문제를 최소화하자. 초급사원은 업무상 실수하면 처음에는 식은땀이 날 정도로 긴장한다. 다음은 실수를 덮기 위해 상황을 살펴본다. 자잘한 실수 등은 고치면 된다. 일도 아니다. 하지만 지출 관련한 사항, 특히 제조업에서는 안전, 품질과 관련된 사항은 빠르게 보고해서 더 큰 피해가 없도록 해야 한다. 초급사원들이 제일 많이 하는 실수 중 하나가 처음에는 문제가 되지 않는 실수를 숨기려고 하다가 더 큰 피해로 가는 경우가 있다. 제대로 배워야 할 부분이다.

앞서 설명한 일 잘하는 방법에서 중점을 더 두어야 하는 사항은 '우선순위를 정해서 업무를 나누는 것'이다. 통상 일반적으로 강조하는 사항은 업무의 중요성과 시급성을 기준으로 판단해서 대응해야 한다. 또한 내가 가지고 있는 업무로 인해 다른 팀 또는 다른 사람의 업무들이 지연되는가를 판단한다. 나로 인해서 여러 사람의 업무가 지연되고 있다면 전체적으로 비효율이다. 회사는 나 혼자만 다니는 곳이 아니다. 전체로 보면 나도 일부인데, 나로 인해 많은 인원이 기다린다면 손해다. 한편 내가 아니면 안 되는 일이 있는지, 이 부분에 가중치를 둔다. 가령 일이 생겨 풀리지 않고 협업이 안 될 때 일의 동력원을 찾고 각자 일의 방향성을 찾을 때까지 집중한다. 이후 세부적인 고민은 여러 사람과 같이한다. 정확히 수립됐으면 내가 아니더라도 다른 사람들이 진행하면 된다. 내가 꼭 하지 않아도 진행되는 일은 나에게는 우선순위가 아니다.

어쨌거나 중요성과 시급성을 기준으로 판단해야 하지만, 각자의 여건은 모두 다르다. 다분히 주관적인 생각을 대입하면 정해진 우선순위란 없다. 다만 꼬인 업무를 풀려고 우선순위를 본인이 정했다면 맞을 것이다. 초급사원은 이를 상사나 선배에게 공유해 피드백을 받으면 실수하지 않는다. 공유할 정도면 오픈된 일이다. 보이는 일에는 실수가 적다. 칭찬을 통한 인정이 뒤따른다.

우선순위를 직장 일에만 적용할 것이 아니라, 우리 생활 자체에 우선순위를 적용해보자. 가정에서도 중요성과 시급성을 판단하고, 또 가장이라면 나로 인해 가족 모두가 지연되는 일은 없는지,

꼭 내가 해야 되는 일은 무엇인지 파악한다. 나는 연초에 계획을 세우며 우선순위를 생각해본 일이 있다. 아이들도 다 커서 내 손이 덜 가도 되어 나를 찾는 것에 중점을 두기로 했다. 일종의 자기 계발이다. 어디 특별히 아픈 곳은 없지만, 체력이 많이 떨어진 것을 느낀다. 몇 년 전까지는 밤을 새도 다음 날 조금 피곤한 정도였는데, 지금은 밤을 새기가 조금 버겁다. 매년 피트니스센터에 등록해 운동하지만 올해는 좀 더 집중했다. 코로나로 사회적 거리두기가 강화되어서 연속성을 가지지 못해 조금 아쉽다. 부족했던 어학 실력도 조금 보완해 당당해지고 싶다.

봄에 이를 보완해주는 강사를 만나 부족했던 부분을 채울 수 있었다. 독서는 나를 성장시키는 깨달음이 되고 있다. 평소에도 매년 꾸준히 독서를 했다. 올해는 100권을 읽어야겠다고 생각했다. 처음엔 가능할까 싶었는데, 막상 처음이 어렵지 불가능한 것은 아니라는 생각이 든다. 이미 100권을 읽었다. 이 부분에 관심을 가지니 연결 고리가 생기는 것 같다. 독서에도 순서가 있고, 양보다는 질적 독서를 해야 한다는 것을 알았다. 또 평소 독서를 접하지 않은 사람에게는 100권의 독서가 많은 양이지만, 다독가들에 비하면 아무것도 아니었다. 책을 통해 오히려 부족함을 배우고 있다. 우리가 하는 일 자체가 어쩌면 우선순위에 따라 움직인다고 생각된다. 생각 없이 행동하는 사람은 없다.

서 주임이 오전 10시에 계획한 우선순위는 생산계획을 공유하는 일이다. 그 시간에 계획된 일이고, 많은 사람이 생산계획을 보고 움직이는 상태다. 보고와 회의는 상황 설명으로 설명해야 하고, 향후 메모와 사전 준비로 일정 관리를 배울 필요가 있다. 이 부분에 대해 인정받고 있는 한 차장에게 우선순위의 중요성 및 경험을 배우고 있다. 단기계획 수립과 일일 일정 관리 점검에 대해 시행해보고 있다. 이렇게 해야 할 일을 놓고 보니 우선순위가 보였다. 사전 조정도 가능하고, 집중이 가능해지니 업무 효율도 높아지는 것을 느꼈다.

누구나 경중이 있을 뿐이지 우리는 수많은 결정, 판단을 통해 행동하고 있다. 특히 직장에서 순간순간 또는 장기적으로 결정을 통해 행동한다. 그만큼 본인의 업무와 그에 따른 책임을 가지고 있다는 이야기다. 중복적인 일이라도 사전 준비와 올바른 판단으로 시행착오를 줄일 수 있다. 메모를 통한 자기 일정 관리가 가능해야 한다. 해야 하는 일 자체를 정리해보면 우선순위가 보인다. 중요성, 시급성으로 따져보고 내가 해야만 진행되는 업무에는 가중치를 두어 판단해보자. 막히거나 판단이 모호하면 물어서 조언을 구해보자. 잘못된 것은 진정성을 가지고 다시 배우면 된다. 배울 기회를 놓치면 자존감이 높아질 수 없다. 복잡한 일이라도 우선순위에 맞추어 보자. 인정을 받는 기쁨도 있지만, 내 마음과 생각이 크는 소리를 들을 수 있다.

생각만 하는 것보다
실패한 액션이 낫다

제조 1팀 오대리는 '왜 그랬을까?' 하고 스스로 반문하고 있다. 아니, 반성하고 있다는 표현이 더 맞는 것 같다. 후회가 조금 되는 것이 사실이다. 3개월 전 내년 사업계획을 위한 워크숍이 사내에서 있었다.

"자, 생산성 향상을 위한 아이디어를 말해 보세요."

제조기획팀 이 차장이 말했다.

"…"

"말하라고 하면 꿀 먹은 벙어리죠? 자, 그러면 브레인스토밍 기법을 이용합시다. 각자 아이디어를 5개씩 적어 발표합시다."

시간이 흐른 후 …

"아, 이건 누구 아이디어인가요?"

"네, 제조 1팀 오영수입니다. 제가 낸 안건입니다."

"테스트 공정 분할, 좋은 안입니다. 하지만 검증과 투자비 감소가 관건인 것 같습니다. 각 팀에서 보다 구체적으로 검토해보면 좋겠습니다."

내가 바쁘다는 핑계로 구체적으로 추진하지 못하는 사이에 대전에 있는 제조 2팀 이 주임은 여러 번 테스트를 해 검증을 완료했다고 한다. 승인까지 받아 다음 달 개선이 진행된다는 이야기를 들었다. 요 며칠 '생각은 내가 먼저 한 건데' 하는 후회가 밀려오고 있다.

직장인들은 경제적 자유를 얻고 싶어 한다. 누구나 한번쯤 상상해본다. '로또 1등만 한번 맞았으면 좋겠다' 하고 말이다. 로또를 맞으려면 일단 복권을 사야 하는데, 사지도 않고 생각만 하는 사람들이 있다. 오늘 당장 복권을 사라는 이야기가 아니다. 행운도 준비된 자에게 온다. 아무런 예고 없이 찾아오는 것이 아니라 준비하고 노력하는 사람에게 찾아오는 기회다. 행운이나 기회가 찾아와도 어떤 사람에게는 행운이 되기도 하고, 또 어떤 사람에게는 아무런 쓸모없는 것이 되기도 한다. 기회라는 것도 언제든 찾아왔을 때 알아볼 수 있는 재량이 있어야 하고, 기회를 얻으려는 실천이 있어야 한다. 결과를 얻으려면 반드시 실행을 해야 얻을 수 있다는 진리다. 생각도 중요하지만 실천하지 않으면 추상적인 고전에 나오는 관념에 지나지 않는다. 그만큼 실천이 중요하다는 이야기다. 기업에서 빠른 행동을 요구함에도 잘 실천되지 않는 이유가 여러 가지가 있을 수 있겠지만, 크게 세 가지로 본다.

첫째, 목표나 계획이 불확실할 경우 먼저 행동을 하기 어렵다. 계획이 뚜렷하지 못하니 방법이나 과정의 혼란으로 실천하지 못하는 어려움이 있다. 둘째, 실패의 두려움이 아닌가 한다. 실패나 실수를 해서 책임을 진다는 부담을 너무 많이 생각하면 몸이 움직이지 못한다. 셋째, 이루고자 하는 의지가 약하면 실행하기 어렵다. 앞으로 벌어질 일의 고생이 보이는데, 이를 극복할 이유를 찾지 못한다면 움직이지 못한다. '어려운 일을 굳이 할 필요 있나?'라는 생각으로는 아무것도 할 수 없다.

나도 이런 경험을 많이 했다. 초급사원 때 조사 보고서를 작성할 때다. 머릿속에서는 어느 정도 정리가 되어 준비가 됐는데도 도무지 작성이 되지 않았다. 한 이틀 동안 '처음에 어떻게 시작하지?' 하고 며칠을 보낸 것 같다. 하지만 시작이 반이라고 하지 않는가? 막상 처음이 두려워서 그렇지 이후로는 술술 정리가 되는 경우가 있다. 잘 해야지 하는 마음이 너무 강하게 작용하면 오히려 시작하지 못한다.

실패에 대한 두려움이 있으면 어떤 행동도 취하기 어렵다. 두려움을 극복해야 한다. 지아 장의 《거절당하기 연습》이라는 책을 읽은 적 있다. 저자가 중국계 미국인으로 어려서 미국으로 이민 가서 경험한 내용이다. 실패의 두려움을 극복하고자 100일 동안 거절할 것을 알면서도 도전하는 과정이 있다. 2016년에 아마존 자기계발 분야 1위이고, 저자가 강연 프로그램 TED에서 강연한 내용이 150만 뷰를 받아서 많이 아는 내용이다. 가령 모르는 사람에게 100달러를 조건 없이 빌린다든지, 오륜기 같은 특별한 도넛을 요청한다든지, 모르는 집 뒷마당에서 축구하기 등 일반인이 요청하기 어려운 것들을 실패할 줄 알면서도 도전하는 과정을 담았다. 저자는 실패에 대한 두려움은 처음이 문제란다. 5번까지는 실패에 대한 두려움에 주저하지만, 그 이후는 자신과의 싸움으로 생각된단다. 도전에 주저하는 자신을 보면서 용기를 내어 도전하게 됐다고 한다. 나도 이 부분에 공감한다. 이후 나도 요청을 많이 하는 편이다. 처음에는 '상대가 거절하면 어떡하지?' 하고 요청조차 하지 않는 경우가 많았다. 하지만 실제로 요청을 해보니 절반 정도는 요청만 했을 뿐인데도 이뤄졌다.

실천의 중요성을 많은 사람이 알고 있음에도 잘되지 않는 이유는 의지의 문제다. 실천 뒤에 따라오는 과정을 생각하면 쉽게 행동을 하지 못한다. 건강하려면 운동을 해야 한다는 것은 누구나 알고 있다. 하지만 사람들은 고통에 대한 의지가 약하다. 나는 운동을 위해 집 근처 피트니스 센터를 이용한다. 1월 초에는 새롭게 등록하는 사람이 많아 운동하는 분들이 늘어난다. 그러다가 한 3

월쯤 되면 감소한다. 작심삼일이라는 말이 있지 않은가? 여러 이유가 있겠지만, 육체적 고통을 알면서 참고 견디는 의지가 변했기 때문이다.

실천의 중요성을 강조한 여러 위인이나 유명인이 있다. 이 중에서 나는 현대그룹 창업주인 고(故) 정주영 회장이 강조한 말이 생각난다.

"해보기나 했어?"

직장인들은 "안 되는데요?"라고 말하는 경우가 있다. 실제로 해보고 안 되는 근거를 가지면 바른 판단이다. 불가능하고, 안 되는 것을 무리하게 해서는 탈난다. 나는 요즘에는 해보려고 애쓴다. 책에서 실천과 도전의 중요성을 다시 한번 상기했다. 어려운 일이나 때로는 이해되지 않는 일도 일단은 한번 해본 경험과 과정을 가지고 상사를 설득하려고 한다. 공장에서 일어나는 각종 조사 및 검증과 관련해 이론에 맞지 않더라도 가능한 범위에서 실제 해본 데이터와 비교하려 한다. 실제 이 과정에서 많은 문제가 풀리는 경우가 있다. 생각만 해서는 결과를 얻을 수 없다.

실천을 꾸준히 시행하는 직원은 좋은 평판을 받는다. 한번은 고객사 요청으로 2달간 데이터를 가지고 분석하라는 지시가 있었다. 사실 2달간 꾸준히 추적하기에는 귀찮은 면이 많았다. 시간도 많이 소요됐다. 대부분 이전의 데이터를 짜깁기해 대응했다. 모두

잊고 있었는데, 어떤 주임은 실제로 궁금해 하면서 분석한 결과를 3개월 후에 보고한 적이 있었다.

결과를 떠나 이 사람의 실천력을 높이 샀다. 또 속으로 '은근히 무서운 사람이네' 하고 생각했다. 지시한다고 잘하는 것도 좋지만, 궁금증을 가지고 끝까지 실천해 결론을 내보려는 자세가 부러웠다. 후배라도 많이 배웠다.

평소 오 대리 닉네임이 '서술형 평론가'였다. 항상 이론에 밝고 말이 앞선다는 다소 부정적인 평판이 있었다. 이 일이 있은 후 팀장에게 실천에 대한 코칭을 받았다. 머리는 좋으니 행동도 같이 실행하라는 조언을 들었다. 본인의 이야기를 듣고 코칭해주는 팀장에게 고마움을 느꼈다. 이후 오 대리의 닉네임은 '선 액션'으로 바뀌었다. 무엇이 맞는지는 본인이 많은 경험을 한 이후에 생각해 볼 일이다.

요즘 기업이 고령화되고 있다. 장년층이 많아지고, 초급사원은 적어지는 구조로 가고 있다. 모두 경력이 많아서 평론은 잘한다. 하지만 성과로 이어지려면, 빠른 행동이 필요하다. 직장에서 인정받기 위한 방법이 행동을 통한 꾸준한 실천이라는 것을 많은 사람들이 안다. 하지만 분명한 노하우가 있음에도 실제 실천하는 사람은 소수다. 인정받는 방법은 여러 가지다. 실행은 한편으로는 힘들고, 귀찮으며, 어렵고, 지루하며, 꾸준한 인내가 필요한 일이다.

그러나 인정받는 인재는 성공을 위해 반드시 감내하고, 해야만 하
는 일로 여긴다.

필수 데이터를
암기하라

"내일은 우리 인사팀에서 사업계획 보고를 해야 합니다. 본부장님이 금년은 근거를 가지고 꼼꼼하게 점검하신다는 말씀이 이미 있었습니다. 이에 충분히 근거 데이터를 준비해주시기 바랍니다."

이 팀장이 인사팀 보고와 관련해서 최종 자료를 검토하면서 말했다.

"올해는 코로나의 영향으로 매출도 대폭 감소했고, 내년에는 인력 충원 현황도 쉽지 않습니다. 이에 대한 본부장님 질문이 예상됩니다. 내년 총직원 수는 몇 명이고, 공장별 직원 수는 어떻게 되나요?"

이 팀장이 예상 질문을 가정해 팀원들에게 물어본다.

"네. 국내 인원은 1,900여 명입니다. 공장별, 그리고 해외 인원은 글쎄요. 잠시만요. 상세 데이터를 보고 말씀드리겠습니다."

아무도 대답하지 않아 김 차장이 나섰지만 얼버무렸다.

"그러면 중요한 건 인건비니 이 부분은 준비됐나요? 전년도와 비교해서는요? 금년 충원 인원은 몇 명이고, 근거는 있는 건가요? 이건 반드시 질문하십니다."

'이에 대한 대답을 자료를 찾아서 보라는 건지' 이 팀장은 근심했다. 중요한 필수 데이터 정도는 바로 대답할 수 있어야 하는 것 아닌가?

직장에서 일을 하다 보면 반복적인 일의 연속인 경우가 많다. 새롭게 하는 것 같아도 작게는 매일의 반복, 한 달, 길게는 작년 이맘때 했던 일인 경우가 있다. 반복적인 일을 하다 보면 잘 정리해둔 선배의 양식을 이용해 빠르게 처리하는 업무도 있다. 또 개인적으로 요령을 가지고 자기만의 방법으로 업무를 개발한다. 이런 방법들이 쌓이고, 또 다른 사람들이 내가 만든 양식을 이용해 업무를 하다 보면 평판도 좋아지고 자존감도 높아진다.

자신이 하는 일의 방법을 끊임없이 개선해 시간을 단축하고 실수를 방지하는 직원이 있다. 일을 잘하는 부류에 속한다. 또 회사에서 하는 업무 중에는 각종 자료, 데이터가 많다. 사실 찾아보면 어딘가에 있다. 어딘가에 있는 자료를 내 손에 두어 찾아볼 수 있으면 다행이다. 내가 만든 자료도 오래되면 찾기 어렵다. 하물며 남이 정리해놓은 보고서, 자료, 데이터 등을 잘 정리해두는 것 또한 중요하다. 단기적으로는 대충 저장해도 찾지만, 직장은 1~2년 다니는 곳이 아니다. 10년 후에도 원하는 시간에 자료를 찾을 수 있어야 내 것이며, 무기가 된다.

10년 이상 된 사람은 이런 경험을 피부로 느끼지만, 초급사원은 이런 부분에서 중요성을 조금 덜 느끼는 것 같다. 언제 내가 또 찾아볼까 하지만, 내가 꼭 경험한 것이 아니더라도 남이 조사, 근거, 정리한 데이터도 내 것으로 만들면 내 것이 되는 것이다. 잘 알고 사용하느냐의 문제지, 누구 것인지는 중요하지 않다.

가끔 TV를 보면 나라 수도 맞히기 퀴즈를 한다. 대한민국의 수도는 아무도 물어보지 않는다. 당연히 '서울'이라는 것을 알기 때문에 물어보지 않는다. 하지만 스웨덴 사람들에게 대한민국의 수도를 물어보면 얼마나 맞출까? 마찬가지로 우리나라 사람들에게 스웨덴의 수도를 물으면 얼마나 맞출까? 수준으로 치면 한 중급 정도 되는 문제인 것 같다. 일반인이 모르면 그러려니 하지만, 외교부나 지리 선생님이 모르면 곤란하지 않나 생각한다. 본인 일과 관련된 기본적인 자료를 모르면 난처할 때가 있다. 스웨덴의 수도는 '스톡홀름'이다.

그만큼 직장에서 본인이 하는 일과 관련된 데이터, 근거, 자료, 원인 등 기본적인 것들은 암기하는 것이 신뢰를 얻는다. 어딘가에 있고 찾아서 정확히 알려줄 수 있다. 하지만 이는 신뢰의 문제이고, 그만큼 이 부분에서 본인의 역량을 자랑할 수 있는 기회다.

우리가 광역단체장이나 대통령 선거 유세 방송을 보면 후보자들이 집중적으로 공부하는 것이 있다. 경제 성장율 데이터, 버스 교통비, 지하철 요금 등이다. 요즘 나 같은 경우도 버스나 지하철 요금이 얼마인지 잘 모른다. 자가용을 가지고 다니다 보니 잘 이용하지 않는다. 또 가끔 이용하더라도 카드로 정산하니 잘 모른다. 하물며 후보자들이 평소 대중교통을 이용하는 일은 거의 없을 것이다. 요금도 인위적으로 공부하지 않으면 모른다. 하지만 암기해 정확히 말하는 것은 서민 경제를 파악하고 있다는 신뢰를 주기 위해서다.

필수 데이터를 암기하면 좋은 것이 단지 상사나 동료에게 잘 보이려고 하는 것만은 아니다. 그만큼 본인의 업무에서 필요한 정보를 알고 있으면 시간을 단축할 수 있다. 일일이 찾아봐야 하는 시간을 단축한다. 지금은 노트북이나 스마트폰처럼 IT 기기가 발달되어 각종 회의나 외부에서도 데이터를 볼 수 있다. 이 부분을 잘 이용해서라도 필요한 데이터는 바로 사용할 수 있어야 한다.

특히 나 같은 엔지니어는 제조업에서 필요한 공정의 조건, 원리, 단위, 공식 등 기본에 해당되는 데이터는 반드시 암기하고 이해하길 바란다. 초급사원에게 자주하는 코칭이 있다. "기본적인 데이터는 신뢰의 문제이기 전에 기본이니 암기하라"고 말한다.

여성들이 남자들과 이야기할 때 싫어하는 주제가 있다. 바로 군대, 축구 이야기다. 여러 이유가 있지만 군대 용어, 축구 용어 자체 등이 생소해서 이해하지 못하는 것이 이유가 아닐까 생각한다. 직장에서도 그들끼리 사용하는 언어가 있다. 'ASAP, biz'는 일반인도 많이 사용하는 언어다. 그렇다면 'EBITDA'를 아는가? 알면 별것 아닐지 모르지만, 모르면 당황하고 제대로 알고 사용하지 못해 자신감에 상처를 입을 수 있다.

그만큼 회사에서 자주 사용하는 그들만의 용어, 약어, 언어가 있다. 직장에 처음 들어온 초급사원들은 상사나 선배들의 암호 같은 글에서 생전 접해보지 못한 특별한 그들만의 용어에 당황하게 된다. 특별히 영어를 잘하지 못하는 것 같은데, 영어와 다른 외국어를 사용하기도 한다. 포털 사이트에 검색해도 알 수 없을 때가 있다. 나중에 알고 나면 아무것도 아니지만, 그 의미를 정확히 알기 전까지는 불안하다. '또 나만 모르는 건가?' 하고 자괴감이 들 때도 있다. 이런 것들은 소통의 한 부류인데, 나도 초급사원 때 이약어를 잘못 알아들어 실수를 했다. 또 그 용어도 유행을 탄다. 그래서 틈틈이 모르는 새로운 용어가 보일 때마다 다이어리에 적어 놓은 것들을 정리해봤다. '로마에 가면 로마법을 따르라'고 했다 직장에 온 이상 여기에서 사용하는 용어를 제대로 사용해야 한다. 인정받는 직원은 사소한 것에도 실수하지 않는다.

초급사원이 직장에서 의사를 전달할 때 알면 더 도움이 되는

팁이 있다. 각종 보고 자료나 메일로 소통할 때 정확한 단위를 사용해야 한다. 미터법을 정확히 사용해야 한다. 길이의 단위는 'm'이다. 1,000미터를 '1km'라고 표현해야지 '1KM, 1Km' 등으로 사용하면 틀린 표현이다. 물론 의사소통을 할 때는 다 통한다. 하지만 우리가 아마추어 같이 일하는 것은 아니지 않은가? 프로 직장인이 되려는 인재는 보다 표기를 정확히 사용해야 한다. 또 주의할 것은 숫자를 읽을 때 큰 수를 바르게 사용해야 하고, 특히 미국 숫자와 상이한 점이 있다는 것을 알아야 한다. 물론 이는 영어 교육에서도 배우는 부분이지만, 직장에서 많이 사용하면서 틀리기 쉬운 부분이다. 사소한 것에도 디테일하게 확인해야 한다. 생소하지만 하나하나 모르는 것은 기록해야 한다. 정확히 알고 사용해야 다른 사람에게 알려줄 수 있다. 대충 혼자 사용하는 데는 문제없는지 모르지만, 언젠가 당신 같은 후배가 똑같이 물을 것이다. 이때 정확히 알려주는 사람과 대충 알려주는 사람과는 차이가 있다.

이 팀장의 사전 지적으로 김 차장을 비롯한 팀원들은 나누어 중요 데이터를 암기했다. 특히 인건비와 관련된 비용 관련해서는 준비를 많이 했다. 작년 및 금년 데이터와 비교했으며, 예상되는 데이터를 한 장에 따로 정리했다. 요즘 사업계획 준비로 꼭 보고가 아니어도 관련 부서에서 자주 물어보던 내용이었다. 일일이 찾아 대답해주었는데, 시간이 절약되는 장점도 있었다.

회사에서 하는 일은 부서별로 다르다. 영업, 기술, 구매, 제조, 인사, 기획 등 여러 영역이 있어도 각자 분야에서 중요한 요소들은 따로 있다. 각자에 필요한 최소한의 필수 데이터 등은 반드시 암기해 신뢰를 줄 필요가 있다. 그만큼 자기 업무를 장악하고 있다는 반증이다.

인정받는 직원은 찾아서 볼 것과 암기하는 수준으로 집중해야 하는 요소를 알고 있다. 회사에는 특별한 그들만의 언어가 있다. 알면 사소한 것일지 모르지만, 한번은 정확히 알고 써야 한다. 사소한 것을 등한시하는 사람에게 중요한 업무를 어떻게 맡기겠는가. 인정받는 직원은 사소한 것도 놓치지 않는다. 직장생활은 단기전이 아니다. 제대로 배워 오래 사용해야 한다.

구분	약어	원래의 단어	의미
E-mail	ASAP	as soon as possible	가능한 빨리
	biz	business	비즈니스
	btw	between	~사이에
	BTW	by the way	(접속사)그런데
	DIY	do it yourself	스스로 행하는것
	e.g.	exempli gratia	예를 들면
	enc.	enclosed	동봉된
	et al.	(et alia 라틴어)	그 외
	etc.	etcetera(라틴어)	기타 등등
	FYI	for your information	참고로
	FYR	for your reference	참고하세요.

E-mail	IMO	in my opinion	내 생각에는
	IOW	in others words	다시 말해서, 즉
	info.	information	정보
	min.	minute	분
	msg.	message	메시지
	N/A	not applicable	해당사항 없음.
	NB	nota bene(라틴어)	주의하라
	OTOH	on the other hand	한편
	PLS	please	~해주세요.
	PS	postscript	추신
	RSVP	repondez s'il vous plait	회답 바람 (흔히 초대장 등에 많이 쓰이는 표현)
	w/	with	~와 함께
	w/o	without	~없이
IT	DB	database	데이터베이스
	DC	discount	할인
	demo	demonstration	시연
	DM	direct mail	우편 직접 발송
	EA	each	(단가를 매길 때) 개
	ICT	information and communication technology	정보통신 기술
	I/O	input/output	입력과 출력
	IP	internet protocol	인터넷 프로토콜
	IT	information technology	정보기술
	OS	operating system	컴퓨터 운영체계
경영	@	at	단가
	B2B	business to business	기업 대 기업 간 거래
	B2C	business to consumer	기업 대 소비자 간 거래
	BEP	break even point	손익분기점
	BOM	bill of material	자재 명세서
	BPR	business process reengineering	업무 재설계
	BS	balance sheet	대차대조표
	CEO	chief executive officer	최고경영자

	CF	cash flow	현금 흐름표
	CG	computer graphics	컴퓨터 그래픽
	CI	corporate identity	기업 이미지 통합
	CIF	cost, insurance and freight	운임, 보험료 포함 가격
	Co.	company	회사
	CxO	chief X officer	CEO, CFO등 각 분야 최고경영자들
	DOC	document	서류
	EBITDA	earnings before interest, taxes, depreciation and amortization	이자, 세금, 감가상각비 이전 기업이익
	ERP	enterprise resources planning	전사적 지원 관리(시스템)
	FIFO	first in first out	선입선출
	FOB	free on board	본선 인도조건
	Inc.	incorporated	주식회사
	IP	intellectual property	지식재산권
	IPO	initial public offering	기업공개
	IR	investor relation	투자자를 위한 홍보
	ISO	international organization for atandardization	국제 표준화 기구
경영	LC	letter of credit	신용장
	Ltd.	limited	(회사명 뒤에 붙어) 유한 책임의
	MOU	memorandum of understanding	양해 각서
	nego	negotiation	협상
	OEM	original equipment manufacturing	주문자 상표에 의한 제품 생산
	OT	overtime	시간 외 근무
	PE	professional engineer	기술사
	PF	project financing	사업자금 모집
	Ph.D.	doctor of philosophy	박사(학위)
	PL	profit and loss	손익계산서
	PM	project manager	사업책임자
	PO*	present members in organization	(조직 내) 현재 인원 수
	PO	purchase order	구매요청서
	POC	point of contact	연락처(해당 업무 담당자)

경영	PR	public relations	홍보
	ROI	return on investment	투자 수익률
	TT	telegraphic transfer	전신 송금
	VAT	value added tax	부가가치세
	VOC	voice of customer	고객의 소리
기타	ad.	advertisement	광고
	AS	after-sales service	애프터서비스
	BCC	blind carbon copy	숨은 참조
	CAD	computer aided design	컴퓨터를 이용한 설계
	CC	carbon copy	참조
	COB	close of business	업무 종료(시각)
	CS	customer satisfaction	고객만족
	CS	customer service	고객서비스
	CV	curriculum vitae	이력서
	FA	factory automation	공장 자동화
	FAQ	frequently asked questions	자주 묻는 질문 모음
	FM	field manual	(군)야전 교범
	fwd.	forward	전달
	ID	identification	신분증명서, 로그인 아이디
	OA	office automation	사무자동화
	OJT	on-the-job training	직무 교육
	PT*	presentation	발표
	QA	quality assurance	품질 보증을 담당하는 부서
	Q&A	questions and answers	질의응답
	qty.	quantity	수량
	R&D	research and development	연구개발
	R&R	role and responsibility	역할과 책임
	RFP	request for proposal	제안요청서
	SI	system integration	시스템 통합
	SOP	standard operation procedures	표준 운영절차
	spec.	specification	설명서, 규격
	TBA	to be announced	추후공지
	TBD	to be determined	추후결정, 미정
	TF(T)	task force(team)	(특정 임무)전담팀
	TO	table of organization	(조직의) 정원표

약어의 의미

중간보고
생활화하기

"식사하고 합시다."
"네, 식사하시죠?"

12시가 되자 팀원 모두가 식사하자고 인사한다.

"최 대리, 식사하고 해. 오늘 메뉴가 보쌈에 삼겹살이야. 오랜만에 나오는 특식이라고."

추 과장이 식사하러 가자며 재촉한다.

"네, 과장님 먼저 가세요. 저는 천천히 가겠습니다."
"그래, 알았어. 얼른 와."

추 과장이 말하고 먼저 간다. 최 대리는 속이 불편해 식사를 거를 참이다. 내일 있을 상반기 품질 현황 보고로 신경이 많이 쓰였다. 품질 현황은 어느 정도 정리됐는데, 대책에 대한 부분을 받기만 하면 되는데, 다른 사람들이 빨리 안 주고 있었다. 제조, 구매에서 자료 제출이 늦어 재촉했다. 문제는 검증을 위해 의뢰한 테스트 결과가 내일 모레 나온다는 연락으로 안절부절하던 참이다. 보고를 내일 10시까지 하라는 이사님의 지시가 있어 일정이 지연될까 봐 온 신경이 다 집중됐다.

직장인이라면 보고로 인한 애로사항이 많다. 특히 상사가 지시하고, 기한이 있는 보고의 경우는 더욱 어렵다. 보고 중 기한이 없는 보고 같은 경우가 있다. 가령 지시하지 않았지만, 개선 또는 아이디어 공유 차원의 보고 같은 경우는 본인이 정한 타이밍에 보고하면 된다. 기한이 있는 보고는 가능하면 기한 내 보고하는 것이 원칙이다. 가능하면 하루 전에 보고하면 더욱 좋다. 문제는 보고하고자 하는 내용을 다 만족하지 못하면 보고하기 꺼려진다는 것이다. '틀린 게 있는데', '지시한 내용이 정확히 이것인가?', '보고 양식이 잘 안 맞는 것 같은데', '여기 이게 누락되어 보완해야지' 하는 여러 사유로 수정, 보완, 추가 조사하다가 기한을 놓치는 경우가 많다. 보고는 타이밍이 좋아야 하고, 정확성이 있어야 한다. 보고의 정답은 없지만, 타이밍과 정확성 모두를 만족해야 한다.

보고의 내용이 정확해야 하는 것은 당연하다. 기한이 정해진 보고라면 일정을 준수해야 한다. 어느 조사에 따르면 상사가 궁금해서 못 견디고, 짜증나는 경우가 지시한 사항에 대한 피드백이 없는 경우라고 한다. 늦으면 늦는다, 잘 모르면 잘 모르겠다고 이야기해야 기다리지 않는데, 피드백이 없으면 잊은 건 아닌지, 궁금해서 답답해 하는 경우가 많다. 기업의 특성상 빠른 행동을 위해서는 스피드가 필요하고, 결정을 위해서는 정확한 내용이 뒷받침되어야 한다. 그런데 사실 지시할 때 보고해야 하는 상대방이 잘 못 알아듣는 경우도 많다. 며칠간 보고에 매진해 정리했더니 "이건 아닌데. 방향이 틀렸어" 하고 돌려받는 일도 많다. 일정도 마찬가지다. 언제까지라고 기한에 대한 말이 없었는데, 다음 날 안 됐냐고 다그치는 일도 다반사다.

"김 대리. 양식이 왜 이래? 내가 언제 이렇게 하라고 했어?"
"자네는 왜 보고서가 항상 이래? 몇 년 차야?"
"보고하라고 한 지가 언제인데 아직도 소식이 없어? 일을 하는 거야? 마는 거야?"
"몇 번 말해야 알아들어? 왜 하라는 대로 안 해?"

혹시 이런 말을 들어봤는가? 아니라면 다행이다. 그러나 내게는 익숙한 말들이었다. 한동안은 열심히 작성해 보고하면 "이게 아닌데" 하는 말을 많이 들었다. 사실 처음부터 정확히 이해하지 않은 내 잘못도 있었다. 직장인에게 많은 부분을 차지하는 것이 보고 업무다. 일을 하고서도 상사에게 부정적인 피드백을 받는 것만큼 힘 빠지는 것도 없다. 그래서 보고의 오류를 줄이는 유용한 방법이 있다. 바로 '중간보고'를 하는 것이다. 중간보고는 생각보다 강한 힘을 가지고 있다. 나는 이를 '중간보고의 마법'이라고 부를 정도다. 보고도 소통의 한 종류다. 내가 낳은 자식의 속마음도 모르는데, 하물며 지시하는 상사의 마음속까지 알아서 정확히 원하는 것을 보고하기란 쉽지 않다. 서로 모르니 부정확한 것을 확인할 필요가 있다. 즉 보고의 과정을 공유하는 것이다. '처음 지시한 게 이것인지', '나는 이렇게 생각하고 있는데 맞는지', '내일까지 하면 되는지'를 제발 중간중간 확인하자. 궁금해 하는 상사의 마음을 잡을 수 있다. 은근히 인정도 받는다.

일전에 술 한잔하며, 플랜트 회사에 다니는 지인에게서 들은 이야기다. 지인이 차장일 때 지방에 있는 공장에 사장이 온 적이 있단다. 사장은 순회하면서 "플랜트 회사는 안전사고에 주의해야 한다"고 강조했다. 몇 년 전인가 구미에서 발생한 '불산 가스' 누출로 전국이 떠들썩했던 사고 이후여서 안전이 더욱 강조되던 시절이었다. 분기에 한 번 올까 말까 한 사장이 방문하는 때였다. 사장은 가면서 "안전을 강화하는 다양한 아이디어를 강구해서 보고해 보라"고 지시했다. 그런데 문제는 그다음부터였다. 자리가 불안했던 공장장이 정확히 보고해야 한다면서 보고를 지시했다. 과장이 작성한 것을 자신이 이것저것 조사하고, 추가하는 데 1주 걸리고,

또 부장이 보고서는 사장에게 보고하는 사항이니 중요하다면서 안전의 기본부터 조사해 이것저것 추가하는 데 2주가 소요됐다. 또 중간 담당 실장이 추가해 정리하는데 2주, 마지막으로 공장장이 사용하지도 않는 불산의 영향을 추가하면서 3주가 소요됐다. 최종 정리된 보고서는 계속 추가된 내용까지 PPT로 60페이지였다고 한다. 본인의 팀을 포함해 어마어마한 수고가 투입된 보고서였다. 의미심장한 미소를 띠며 공장장이 사장에게 보고하니, 사장은 이렇게 말했다.

"어? 내가 그랬나? 그래요. 그런데 투자비가 2억 원이 들어요? 공장장, 이게 진짜 필요한 겁니까?"

공장장의 안색이 변한 것을 보고, 직원들은 이후 일절 이 이야기를 금기시했다.

지시한 상사도 때로는 상황이 변경되고, 시간이 지남에 따라 필요 없는 지시가 되는 경우도 많다. 하지만 중간보고를 하면 이런 부분은 어느 정도 정리가 된다. 쓸데없는 일을 하지 않아도 되는 장점이 있다. 보고가 어렵다고, 중간보고도 어렵게 생각할 필요가 없다. 중간보고를 하는 요령도 있다. 중간보고는 과정을 공유하는 것이다. 말로 전달하는 것이 쉽고 강력하다. "팀장님이 지시하신 사항이 이러이러한데, 이렇게 정리해보고 있습니다. 내일

쯤 보고 드리겠습니다"라고 말하는 것이다. 구두보고는 타이밍도 중요하다. 다른 사원을 막 혼내거나, 팀장이 상사에게 깨져 시무룩할 때는 피해야 한다. 나는 주로 구두보고하는 타이밍을 식당에서 한다. 식사 후 흡연하는 장소나 일부러 같이 걸으면서 "이것은 여기까지 정리됐는데, 분석이 늦어서 데이터만 먼저 보고 드리겠습니다" 하고 넌지시 말한다. 그러면 알았다고 하든지, 더하고 빠지는 일이 생기기도 한다. 그래서 나중에 조정해 다시 하는 것보다는 훨씬 낫다. 다양하게 이야기해보자. 복도에서 지나가며, 엘리베이터에 같이 있을 때, 아니면 직접 대면으로 하는 것도 좋다. 상사는 찾아와서 이야기해주는 부하직원을 반기는 경우가 의외로 많다.

나 역시 중간보고를 해주는 직원을 보면 안심이 된다. 설사 틀리고, 일정이 지연되어도 과정을 진실하게 보여주면 만족한다. 만나기 어렵거나, 늦은 시간이라면 메일로 중간보고 하는 것도 좋다. 데이터가 많거나 그림 등의 이해가 필요하면, 메일로 보고하면 이해가 쉽고, 시간·공간적 제약이 덜하다는 장점이 있다. 또 중요하고 추가 설명이 필요하면, 보고서를 가지고 가는 것도 좋다. 원래 완료하려던 보고서에서 아직 완성되지 않은 항목 및 조사 내용이 있는 경우라도 제목 옆에 'ㅇㅇ년 개선 계획보고(중간보고)'라고 적어도 괜찮다.

"최 대리, 잘되어가? 어디까지 됐어?"

품질본부 구 팀장이 전화로 묻는다.

"현황하고 대책까지는 완료됐는데 강도 테스트가 검증되지 않아서 증명이 좀 어려운 부분이 있습니다."

최 대리가 조금 지친 기색으로 답한다.

"그럼 이사님에게 중간보고를 해봐."

구 팀장이 중간보고의 힘에 대해 설명한다. 최 대리는 구 팀장에게 코칭 받은 대로 현황 및 대책에 대해 정리해 중간보고를 드리며, 테스트 결과가 나오는 모레까지 분석을 추가해 저녁에 최종 보고하겠다고 한다. 중간보고의 형태는 내용이 많고 분석이 필요해 메일로 보고했다. 이사로부터 바로 피드백이 있었다. 기간 연장도 승인 받았다. 덤으로 작년 품질 지수와 비교하라고 추가 자료도 송부해줬다. 최 대리의 긴 한숨이 멎는 순간이었다.

우리 속담에 '함흥차사'라는 말이 있다. 지시한 사항을 기다리는 일만큼 궁금한 것이 없다. 상사를 기다리게 하지 말자. 상사는 결코 참을성이 많은 사람들이 아니다. 보고도 소통의 일종이다. 일을 귀하게 받아야 하는데, 정확히 이해하지 못하면 물어야 한다. 중간보고를 통해 진행 과정을 공유하자. 이 마법을 이용하면 보고가 어렵지 않을 것이다. 자신에게 적극적으로 중간보고를 통해 소통하는 사람을 어찌 싫어할 수 있는가. 어려워 말고, 익숙하지 않아도 중간보고를 생활화해 직장의 스트레스도 풀고, 하는 일의 인정도 받아보자. 보다 즐거운 직장생활을 만들 수 있다.

중요한 것부터
먼저 해결하라

"나는 내일 지구의 종말이 오더라도, 오늘 한 그루의 사과나무를 심겠다."

— 스피노자(Spinoza)

내일 지구의 종말이 온다면 여러분은 무엇을 할 것인가? 아마 각자의 인생에서 가장 중요하다고 생각되는 일들을 하고, 가장 우선순위에 있는 중요한 일들을 하지 않을까? 각자 중요하게 여기는 가치와 생각을 기준으로 행동할 것이다. 앞서 스피노자가 한 말의 의미는 내일 지구가 멸망한다고 해도 꿈과 희망을 위해 책임을 다하겠다는 뜻이다.

"이 대리, 연말에 있는 태양광 발전기 도입 건은 잘 진행되고 있지?"

공무팀 박 팀장이 중요사항을 재차 확인한다.

"아, 태양광 발전기 도입 건이요? 요새 전력비 절감 개선 지시가 있어 이것 먼저 챙기느라 좀 늦어지고 있습니다."

이 대리가 본인의 업무 위주로 말한다.

"아니, 태양광 발전기 도입의 목적도 전력비 절감인데, 이게 더 효과적이지 않아?"

박 팀장이 중요도가 우선인 사항을 말하고 있다. '전력비 절감이 필요하다고 말할 때는 언제고' 하면서 중요도 우선이 무엇인지 이 대리는 다시 생각한다.

기업에서 직장인은 여러 일을 한다. 항상 우선순위를 정하고, 중요한 것부터 하라는 말을 초급사원들은 많이 듣는다. 초급사원 입장에서는 지시받은 여러 일들이 있다. 무엇을 바로 하라거나, 지시받은 사항, 눈에 바로 보이는 사항들 위주로 업무를 한다. 하지만 중요한 사항으로, 미래에 벌어질 일에 대비해 지금은 급하지 않은 사항을 늘 대비해야 한다.

우리가 해야 할 일을 중요한 것과 긴급한 것으로 구분하면 다음과 같다.

1. 중요하고 긴급한 일
2. 중요하지만 긴급하지 않은 일
3. 긴급하지만 중요하지 않은 일
4. 중요하지도 긴급하지도 않은 일

초급사원이라도 단번에 중요하고 긴급한 일이 있다면 무엇이 우선인지는 바로 알 수 있다. 여기서 혼란이 생기지는 않는다. 문제는 긴급과 중요의 우선순위다. 우리는 직장에서 "시간이 없다. 부족하다"는 말을 한다. 이렇게 평소에도 시간에 쫓기다 보니 지금 당장 해야 할 일을 그 순간 소중한 것으로 안다. 하지만 진짜 내가 해야 하는 소중한 일은 뒤로한 채, 발등의 불을 끄듯 일을 처리하고 하루하루를 보내지는 않는가? 이렇게 급하게 주어진 일을 처리하는 것을 '긴급성 우선'이라고 한다. 반면 급한 일이라도 중요도를 먼저 확인해서 무엇이 소중한지 판단해 행동하는 것을 '중요성 우선'이라고 한다.

우리는 '급한 일'을 '먼저 해야 하는 일'로 보는 경향이 있다. 빨리빨리 문화와 상관이 있는지는 모르겠다. 그래서 급한 일, 눈에 보이는 일을 하다 보면 미래에 일어나는 중요한 일, 기회를 놓치는 것을 경계해야 한다. 잘나가는 인재는 중요한 일에 중점을 둔다. 장기적인 관점에서 준비한다. 인재들은 직장에서 해야 하는 일도 하지만, 지금 당장은 힘들고, 눈에 띄지 않더라도 자기와 관련된 업무의 원리, 노하우, 기술 등의 공부를 게을리하지 않는다. 지금 당장은 조치하면 해결되지만, 제대로 한 것인지, 어떤 원리가 적용된 것인지, 자기만의 재해석에 시간을 투자한다.

중요한 것부터 해결하는 것에서 또한 빠질 수 없는 것이 실천인 것 같다. 나는 중요하다고 생각하면서도 마음 같이 잘되지 않는 것이 두 가지가 있다. 하나는 회사에서 게을러지는 나 자신을 볼 때다. 내가 있는 곳은 제조업 공장이다. 경쟁력을 갖추려면 여러 요인에서 고루 발전되어야 한다. 당장 매일매일의 생산성을 향상하는 부분에는 많은 노력과 애정을 쏟는 것 같다. 반면 더 중요한 사항인 미래 기술과 품질 부문에서 생각처럼 많은 시간을 투자하지 못한다. 당면한 일만 살피는 근시안적인 시각 때문이다. 다른 하나는 개인적으로 미래를 준비하는 것에 게으르다. 동료 고참 사원들 역시 이런 부분에 재테크 등 많은 부분을 준비하지만, 개인적으로 실천하지 못하고 있다. 그러나 긍정적으로 생각하려고 한다. 중요한 것을 이루고자 계속적으로 생각하고 노력한다면 못 이룰 것이 없다고 생각한다.

중요한 일의 해결을 위해서는 몇 가지 과정이 있다. 중요한 일이 무엇인지 리스트 업을 해보자. 지금 당장은 드러나지 않지만 중요한 것, 미래를 판단 기준으로 생각해보는 것이다. 문제가 아니라 기회에 초점을 둔다. 그렇다고 어느 날 갑자기 중요한 일만

하다 보면 여러 일에서 문제가 발생된다. 여기서도 80:20의 법칙을 적용해보자. 하루에 내가 하는 업무의 20% 시간을 중요한 일에 배분하는 것이다. 당장은 티가 나지 않는 일에 20% 시간을 투입하는 것은 쉽지 않다. 하지만 실천해야 하는 일이고, 20%가 중요한 사항의 모두를 차지한다.

실제 중요한 일이 발생한 경우라면 내가 하는 방법은 '정공법'이다. 서두르다 본질을 보지 못해 두 번 일을 하게 되고, 제대로 하지 못해 재발하는 경우가 많다. 이때는 내가 가지고 있는 능력의 모두를 투입해야 한다. 보고를 통한 협업 지원을 받아야 함은 물론이다. 우왕좌왕하다 때를 놓치는 우를 우리는 항상 경계해야 한다. 중요한 것에 집중하려면, 중요하지도 긴급하지도 않은 일을 평소에 정리, 관리하는 습관이 필요하다. 이런 질문을 해보면 도움이 된다.

'만약 내가 이것을 지금까지 시행하지 않았는데, 지금이라도 이 일을 해야 하나? 아직도 이 일은 계속 할 가치가 있나'

만약 이에 대한 대답이 '예'가 아니면, 불필요, 불합리한 것이다. 중단하거나 취소해야 한다.

"네, 중요도와 일정을 포함해서 업무를 정리해보니 태양광 발전기 준비가 우선입니다."

이 대리가 중요한 사항에 대해 이야기를 하고 있다. 박 팀장으로부터 중요한 사항의 우선순위를 코칭 받았다. 우선 이 대리 업무의 20%를 매일 태양광 발전 사업에 투입하기로 했다. 이후 계속 업무를 진행하면서 추가할 예정이다. 이참에 중요하지도 않고, 급하지도 않은 업무의 정리도 같이 했다. 바쁘기만 한 것처럼 보이던 이 대리 업무에 활기가 넘친다.

기업에서 중요한 업무를 우선순위로 하는 것은 경쟁력을 확보하는 지름길이다. 모두 필요하다고 하지만 실천이 되지 않는 것 또한 사실이다. 현재의 상황은 과거보다 변화가 더 빠르게 일어나고 있고, 경쟁은 더 치열하다. 이런 면을 고려할 때 제품에 대한 품질관리, 고객의 기호 변화에 대응하는 신제품 등 앞서는 환경을 준비해야 한다. 잘나가는 인재는 중요한 것을 미루지 않도록, 어렵더라도 급한 것보다 우선순위에 두고 항상 장기적인 안목에서 먼저 실행한다. 만약 내일 지구의 종말이 온다면, 나는 가족을 볼 것이다. 그리고 읽다만 책을 마저 읽고 싶다.

솔선수범은 리더가
지불해야 할 비용이다

집 근처에 잘 정리된 공원이 있다. 평택에서는 꽤 유명한 배다리 공원이다. 주말이면 자주 산책을 가곤 한다. 거의 대부분의 사람이 마스크를 쓰고 있다. 운동할 때도 불편하지만 요즘 같이 코로나로 사회적 거리 두기 실천이 강조될 때는 반드시 동참한다. 어떤 사람은 격렬하게 달리면서도 마스크를 꼭 쓰고 실천하는 모습을 보면 좋은 인상을 가지게 된다. 특히 가족이 산책하면서 어린 자녀에게 좋은 모습을 보이기 위해 부모가 먼저 제대로 마스크를 쓰는 실천을 한다. 요즘은 먼저 실천하는 행동이 필요하다.

환경안전팀 최 대리는 '올해도 별반 다르지 않네' 하고 생각한다. 1년에 한 번 있는 안전 관련 법규 설명회를 준비하고 있다. 팀장들이 참석대상이다. 메일로 미리 10시에 참석해 달라고 전달했고, 특히 참석하지 못하거나 일정에 문제가 있으면 알려 달라고 했다. 그런데 10시 15분이 다 되어가는데 한 사람만 참석했다. 참석 독촉 카톡을 다시 보내고 나서야 60%가 참석했다. "팀장님들, 앞에서부터 채워 앉아 주세요. 휴대폰은 잠시 내려놔주세요" 하고 말해도 바쁜 팀장들은 맨 뒤에 앉고 오자마자 휴대폰에 열중이다.

'회사의 미래를 이끌어가는 리더들인 팀장들이 모인 자리도 이렇게 힘드네'라고 초급사원 최 대리는 생각하고 있다. '팀에서는 회의 시간을 지키라고 할 텐데 과연 저분들은 솔선수범을 할까?' 답답한 마음에 새삼 의문이 생겼다. 바쁘다고 하던 팀장들도 상무님이 참석하신다는 카톡을 보내자마자 바로 왔다. 사실 담당업무를 맡은 지 이번이 3년째다. 매년 이런 형태다 보니 '나중에 나는 저러지 말아야지' 하는 생각이 들었다.

우리는 어려서 부터 "해라. 하지 마라"라는 말을 참 많이 듣고 자랐다. "공부해라. 일찍 일어나라. 잘 씻어라. 편식하지 마라. 게임하지 마라"는 부모님, 선생님에게 많이 들었던 말이다. 그러나 잔소리보다는 좋은 본보기를 보고 따라 하는 게 제일 좋은 지도가 아닌가 생각한다. 딸애가 나에게 가끔 돌직구를 날릴 때가 있다. 식사 후 자기가 먹은 식기는 싱크대에 가져다 놓는데, 아빠만 하지 않는다고 특권의식이 있다고 한다. 사소한 것이지만 작은 것부터 행동을 보고 따라 한다. "해라. 하지 마라" 하기 전에 내가 먼저 하는 모습을 보일 필요가 있다.

직장에서도 마찬가지인 것 같다. 지시받아 해야 하는 것이 많고, "뭐뭐 하라"가 많다. 그럴 때 쉽게 힘에 의해 마지못해 시행하는 경우가 많다. 스스로 자발적으로 하지 않으면 바로 비효율로 연결된다. 남보다 앞장서서 행동해 다른 사람의 본보기가 되는 것을 '솔선수범'이라고 한다. 다른 사람에게 본보기가 되어 선한 영향력을 준다는 것은 참 멋진 말이다. 내 마음 같지 않고, 변화하지 않을 때 답답한 마음이 생긴다는 것을 요즘 많이 느낀다.

변화를 이끄는 사람은 큰 것을 약속하기에 앞서 작은 것부터 행동으로 보여주었을 때 변화하는 것을 본다. "하라. 하라"로 조직이 변화하는 시대는 아닌 것 같다. "하자. 하자" 하면 조금 움직일까 말까 하지 않나 싶다. "내가 할게. 같이하자"라고 하면 더 나은 변화가 이뤄진다. 나도 요즘은 후배들에게 "하라. 하라"보다는 "해보자. 부탁한다"라는 표현을 더 많이 한다. 내가 먼저 하는 행동은 말로는 전달하지 못하는 선한 영향력이 있다.

직장에서 우리가 하는 일 중에서 한 사람의 노력으로 이뤄지는 일은 많지 않다. 한 사람의 노력에는 한계가 있다. 뛰어난 능력을 가지고 있다고 할지라도 다른 사람의 도움, 지원을 받지 못하면 한계에 부딪히는 경우가 많다. 뛰어난 리더들은 '나'가 아닌 '우리'가 함께하기 위해 먼저 앞장서서 실천한다.

회사에서 매년 11월 초에 하는 행사가 있다. 연탄 배달 봉사다. 주로 평택의 독거 어르신들을 대상으로 연탄을 배달하는 순수 봉사활동이다. 토요일에 실시하는데, 개인적인 시간을 내서 지원한다. 꼭 그런 것은 아니지만, 처음에는 지원 인원이 적었다가 윗분들이 선행해서 독려하면 인원이 증가하는 게 사실이다. 몇 개 조로 나누어서 팀을 이뤄 연탄을 나르는데 비교적 쉬운 곳도 있다. 배달하는 집 앞으로 트럭이 들어갈 수 있어 근처까지 쉽게 접근하면 수월하다.

어떤 곳은 배달 차가 들어갈 수 없는 먼 곳에 있다. 게다가 연탄을 보관하는 곳이 대부분 집 뒤편의 허름한 창고 같은 곳이다. 한 사람도 들어가기 힘든 곳에 연탄을 차곡차곡 쌓아야 한다. 11월이어도 통풍이 잘 안 되니 땀이 비 오듯 한다. 누구 하나 지친 듯 보이면 서로 하려고 야단이다. 봉사하는 마음도 아름답지만 거기서 힘든 일을 따지지 않고 모범을 보이는 모습을 보면 마음이 뭉클하다. 처음에는 타의에 의해 오는 듯했지만 언제 그랬냐는 듯 모두 솔선수범을 보인다. 사내에서는 일로 지시하고, 이에 따르다 보면 조금 앙금이 있는지 모르지만 이날만큼은 모두 순수한 것처럼 보인다.

연탄 봉사를 끝내면 땀도 나고 옷도 더러워진다. 겉은 그렇다 쳐도 사실 콧속도 검은 연탄가루로 가득하다. 몸은 좀 피곤해도 봉사하면 마음이 가볍다. 꼭 그해 숙제를 다한 느낌이랄까?

요즘은 코로나로 인한 사회적 거리 두기로 봉사활동도 자제할 수밖에 없다. 추운 겨울 내내 연탄이 꼭 필요한 독거어르신들을 생각하면 걱정이 앞선다.

일 잘하는 직원은 한 번의 행동으로 인정받지 않는다. 연속적인 긍정의 행동이 쌓여 인정받게 되는 것이다. 장차 리더로 성장하는 과정이다. 솔선수범은 리더가 갖추어야 하는 요소 중 하나로, 남보다 앞장서서 좋은 본보기를 보이는 모습이다.

더 깊이 들여다보면 '자기가 하고 싶지 않은 일을 남에게 시키지 않는 것'이다. 더 나아가 '남이 하고 싶어 하지 않는 일을 자기가 대신 하는 것'과 같은 말이다. 남들이 어렵고 꺼려 하는 일을 대신해서 행동하는 것이 시간이 지나면서 누적된다. 이런 일이 누적되고 반복되면 강한 힘으로 작용한다. 일회성 이벤트가 아니라는 이야기다. 시간이 지나 누적된 진정성이 전달되고, 경험을 통해 깨닫게 되면 당신을 따르게 된다. 이때쯤 "이제 그 일은 제가 하겠습니다"로 바뀐다. 선한 영향력이다.

간혹 직장에서 보면 티나는 업무는 자기가 하고, 티 안 나고 자질구레한 업무를 후배에게 시키는 직원이 있다. 물어보면 아직 후배가 모르기 때문이라고 한다. 그럴 수 있지만 계속적으로 하는 행위를 보면 금방 안다. 주변 모두가 느끼는 감정이다. 솔선수범은 인위적으로 만들어지지 않는다. 하지만 강력한 리더의 모습으로 다가온다.

한번은 원인 분석을 위해 갖가지 제품을 회의실에 펼쳐 놓았다. 이슈가 끝난 지 한 달이 되도록 누구 하나 정리하려 들지 않았다. 선배가 지시하지 않으니 초급사원들도 움직이지 않았다. 한 일주일 지나고 나서는 보기도 좋지 않을뿐더러 지나다니기도 불편했다. 그런데 과장, 차장들도 나서서 처리하려 들지 않는 일을 초급사원 A가 정리하고 있었다. "누가 하라고 했느냐?"고 물었다. "지나다니기 불편하고 위험해서" 치우는 게 좋겠다고 했다. 사소한 것일지 모르지만 누구에게나 보였고 다들 느꼈던 사항이다. 단지 누가 하겠지 했던 일이다. A를 보며 사려 깊다는 생각이 들었다. 솔선수범에 대해 한 방 먹은 날이었다. A의 미래가 그려진다.

최 대리는 용기를 내어 팀장들에게 말했다.

"사실 팀장님들을 교육하는 게 제일 힘듭니다. 대하기도 어렵지만, 통제가 잘 되지 않아 제일 어렵습니다. 많이 바쁘신 것은 알지만, 교육을 받으러 오셨으니 여기에 집중해주시고 좀 진행을 도와주셨으면 좋겠습니다."

최 대리의 말에 팀장들은 다들 미안해 했다.

"미안해. 최 대리. 고생이 많아요. 자, 잘 따릅시다. 내가 제일 늦었으니 솔선수범해서 다음 시간에는 먼저 발표하겠습니다."

미안했던지 B팀장이 나섰다.

아무리 뛰어나고 많은 지식이 있어도 주변에서 따르지 않는 리더는 한계가 있다. 독불장군처럼 혼자 하는 일은 오래가지 못한다. '빨리 가려면 혼자 가고 오래 가려면 같이 가라'는 말이 있다. 솔선수범으로 같이 갈 수 있는 리더가 필요하다. 말처럼 솔선수범이 쉬운 것은 아니다. 때로는 자기희생이 뒤따른다. 배려와 희생 없이 솔선수범하기는 어렵다. 그러나 리더는 이를 통해 선한 영향력의 힘을 알고 있다. 언행일치로 신뢰를 얻고, 행동으로 모범을 보이는 이는 리더로 성장한다. 인정받는 직원의 차이는 작고 사소한 것에서 시작한다.

4장

회사에서 붙잡는 1%의 인재가 되는 기술

전달자가 되지 말고,
내 생각을 더하라

　요즘은 환경에 대한 규제가 강화되고 있다. 일반인들은 생소할지 모르지만, 기업에서는 이산화탄소 배출에 대한 규제가 있다. 환경지표를 담당하는 환경안전팀 추 대리는 팀장으로부터 꾸중을 들어 시무룩해 있다. 며칠 전 상무님이 금년 실적을 보자고 했다. 각 팀으로부터 현황 실적을 받아서 보고 드렸는데, 그게 문제였던 것 같다. 이후 팀장님을 통해 단순 전달자가 되어서는 안 된다는 이야기를 들었다. 단순히 팀장님이 부재중이라 직접 보고한 게 문제가 아니라, 내 생각이 없다는 지적을 받아 예민해져 있다.

　직장에는 많은 사람이 있다. 일은 사람들과 소통하고, 대화하며 진행된다. 단순한 일상적인 대화에서는 더하거나 뺄 필요는 별로 없다. 초등학교 저학년 때는 선생님이 전달사항이라며 "부모님에게 잘 전달해드려" 하고 지시하는 경우가 있다. 초등학생은 있는 그대로 부모님에게 전달하면 잘했다고 칭찬 받는다. 직장에서는 여러 사람과 소통하면서 의견이 공유되어 진행된다. 초등학생처럼 단순 사실을 전달하면 못했다는 이야기는 듣지 않는다. 다만, 우수한 직원이라는 타이틀과는 거리가 멀어진다.

5년 전쯤으로 기억한다. 유명 아나운서였던 S아나운서가 회사의 교양 강좌를 한 적이 있다. 그때 내가 크게 공감한 사항이 있다. 지금은 방송국을 퇴사한 뒤 해외를 여행하며, 여행 작가로 더 많이 활동하는 것 같다. S아나운서가 해외여행 중 어느 휴양지에서 며칠을 묵으면서 있었던 이야기다. 다른 나라에서 여행하던 외국인과 나이 차도 많이 나지만, 소통이 잘 통해 공감되는 이야기를 많이 했다고 한다. 본인의 가족 이야기도 하고, 친한 친구들 이야기도 하고, 또 방송국에 있었으니 방송국과 관련된 이야기를 많이 했단다. 본인은 처음 보는 친구지만, 많은 이야기를 하면서 스트레스도 풀렸단다. 자기의 행복한 이야기를 하면서 즐겁고, 좋았다고 한다. 그런데 며칠 후 각자의 길을 위해 헤어질 때 외국인 친구가 하는 말에 조금 충격을 받았다.

"너와 좋은 이야기를 많이 해서 좋았어. 다양한 이야기를 해서 유쾌했어. 그런데 궁금한 것이 있어. 왜 네 이야기는 하나도 안 해? 방송국 이야기도 잘 들었고, 친구들 이야기도 재미있었지만,

나는 네 이야기를 더 듣고 싶었는데, 난 너를 잘 모르겠어!"

본인 이야기를 하지 않으면서 다른 사람, 남의 이야기를 하며 즐겁고, 신나 하는 것에 외국인 친구는 의아해 했단다. S아나운서는 충격을 받았다고 한다. 내 이야기는 있는 건가? 사실 S아나운서 이야기를 들으며 나를 돌아봤다. 나도 그러는 것은 아닌지, 많은 생각을 한 계기가 됐다. 이후 조금 의도적으로 나의 이야기를 하려 했다. 지인들과 가끔 술 한잔을 하는 계기가 있다. 나이가 50대를 대부분 넘은 지인들이라 부모님, 가족 이야기도 하지만, 나의 생각, 꿈, 고민을 이야기하게 됐다.

조금 다른 관점일 수 있다. 내 이야기를, 삶을 다른 사람과 공유하는 것도 중요하다. '나는 내 삶을 얼마나 이야기할까?' 생각해 본 적이 있다. 사실은 별로 없는 것 같다. 다만 내 생각을 공유할 필요성을 이후 더 많이 느꼈다. 특히 직장에서 본인의 생각을 더해 공유하는 것이 필요하다.

내가 관찰한 두 후배가 있다. 입사 시점도 비슷하고, 직급은 대리로 같다. A대리는 말도 잘하고, 쾌활하다. 일상적인 대화는 잘 통한다. 그런데 공장에서 일과 관련해 원인 및 분석을 이야기하면, 항상 이런 식이다.

"고장 현상은 어떤 현상인가요?"

"누가 그러는데 누전이라고 합니다."

"원인 분석은 되고 있나요?"
"누가 그러는데 진행하고 있답니다."

"임시 조치는 문제없나요?"
"누가 그러는데 임시 조치를 했다고 합니다."

맞고, 틀리고를 떠나 본인의 이야기가 없으니 다른 사람을 통해 재확인해야 하고, 본인이 주도해서 일하지 않는다. 현장에서 같은 현상을 보아도 다른 사람의 이야기를 전달하는 수준이다. 흔히 겉돈다고 표현한다. 반대로 B대리는 조금 어눌하다. 그런데 일의 중심이 어느 순간부터 B대리에게 몰리는 현상을 바로 느끼게된다.

"누전이라고만 볼 것이 아니고, 기계적 결함을 같이 볼 필요가있습니다. 이 부분은 제가 확인해보겠습니다."
"원인, 분석이 됐다고 하는데, 팩트가 맞는지 확인하겠습니다."
"임시 조치는 모터 및 릴레이를 교체했는데, 유효성이 맞는지원인이 확인되지 않아서 당분간 계속 모니터링 하겠습니다."

B대리는 정보를 바탕으로 자신의 생각을 더하는 기술을 익혔

다. 자신의 생각은 대부분 계획인 경우가 많다. 확실한 팩트 체크가 아닌, 일의 중간이기 때문에 계획을 자신의 생각에 담아 공유하는 습관이 있다. 시작은 목소리가 큰 A대리가 주도하는 듯하지만, 항상 후자인 B대리 위주로 일이 진행되고 마무리되곤 한다. B대리에게는 묘한 매력이 있다. 당신이 상사라면 누구와 일하고 싶은가?

직장에서는 업무의 진행이 메일로 많은 부분이 이뤄진다. 다양한 소통을 통해 일을 요청하기도 하고, 요청에 대한 피드백을 역시 메일로 처리한다. 이 부분에서 차이가 발생한다. 업무에 자신이 없거나, 소극적 업무를 하려는 사람은 적극적으로 자신의 생각을 담지 않는다. 자신의 주장을 담으려면 많이 알기도 해야 하지만, 근거에 대한 업무 지식이 낮기 때문이다. 상대가 물을까 봐 감히 생각을 달지 못한다.

공장 등 엔지니어 업무에서는 데이터, 자료, 근거를 가지고 일하는 경우가 있다. 그런데 데이터를 요청하면, 있는 그대로를 전달하는 사람이 있는 반면, 데이터를 재해석해서 상대가 볼 수 있도록 정리해 본인의 의견을 주는 사람이 있다. 둘의 차이는 나중에 커진다. 그만큼 적극적으로 업무를 추진하는 것이고, 사소한 습관이 좋은 평판으로 기억된다.

또 다른 사항은 보고 시에 나타난다. 어렵게 보고 준비를 통해 내용을 확인했으면, 의견을 표출해 본인 의도로 만들 필요가 있다. 보고의 목적 중에 하나가 판단을 위한 자료다. 정확한 보고를 통해 결정은 상사가 하지만, 본인의 생각을 담아 의견을 줘야 한다. 초급사원이 작성하는 보고의 내용을 보면, 정리는 했지만 나와는 상관없고, 결정은 상사의 몫이라고 생각하는 직원이 있다.

사실 본인의 생각을 주장하는 게 쉽지는 않다. 특히 데이터나 근거가 필요한 경우라면 초급사원이 실행하기는 쉽지 않다. 그러나 계속적으로 습관을 들이면 본인의 생각을 펼칠 수 있다. 생각을 말한다고 생각하니 어려울 수 있다. 우선 일의 계획을 말한다고 생각하면 된다. 본인의 계획이 공유되고, 과정을 지나 결과에 도달했을 때 성과는 계획을 공유한 사람의 몫이 된다. 과정에 많은 기여를 한 경우라도 계획을 주도하지 않으면, 성과를 주도했다고 보지 않는다.

추 대리는 박 차장의 코치를 받는 중이다. 자료를 다시 보니 각 부서의 데이터에 오류가 있었다. 담당자로서 원인을 파악해 조치하지 못했다. 어떤 부서의 개선안은 즉시 실행이 가능한 좋은 안도 있었다. 이를 종합해 내 의견을 추가해 내 중심으로 추진하지 못한 면이 조금 아쉬웠다. 추 대리는 이 부분을 집중적으로 배우고 있다. 그러자 추 대리의 행동에 변화가 생겼다. 정확히 행동의 변화를 느끼는 부분은 주변 사람들이 업무를 적극적으로 하는 것을 느꼈다. 특히 추 대리의 메일이 세련됨을 알게 됐다. 추 대리의 생각이 메일에 담기는데, 어느 때는 깊이 있는 논리가 확실해 그대로 반영되고 있다.

"네 생각이 뭐야?" 하는 이야기를 듣곤 한다. 이때는 너무 늦다. 일이 진행되는 과정에 내 생각에 날개를 달아보자. 단순히 전달하기 전에, 내가 생각하는 의견을 적극적으로 공유해보자. 분명 일은 늘어난다. 하지만 핵심을 내 중심으로 끌어들이는 묘한 매력이 있음을 알게 된다. 때로는 생각하는 주장이 틀려도 좋다. 진행하며, 검증해도 된다. 자기를 거치는 일에 내 생각을 공유해보자. 내가 주도하는 일로 변화되면 결과가 궁금해진다. 자연스럽게 몰입되고, 필요한 인재로 변하는 당신을 발견하게 될 것이다.

자기 주도가 가능한
20:80 법칙 익히기

'세월 앞에는 장사가 없다'고 했다. 그 무덥던 더위도 가시고, 이제 제법 아침저녁으로 찬바람이 부는 9월 초다. 생산기술팀 편 대리는 무기력하다. 몸은 어디 아픈 데가 없는데, 귀찮고, 때로는 동료에게 짜증내는 것 같아 미안한 마음이 든다. 흔히 이야기하는 귀차니즘 같기도 하다. 불현듯 '슬럼프인가?' 하는 생각도 했다. 좀 더 생각해봤다. 요즘 상무님, 부장님이 지시하신 일이 많기도 하지만, 같은 일을 유사하게 하는 게 왠지 싫증났다. 비슷한 일상, 지시받은 업무의 루틴한 처리를 미리 생각하니 마음이 무겁다. '일의 슬럼프'는 어떻게 풀어야 할까?

직장인들은 바쁘다. 지시받은 일도 많다. 보고해야 하는 일도 많고, 처리해야 하는 일도 많다. 많은 일 중에 내가 좋아서 하는 일은 무엇일까? 지시받고, 처리해야 하는 일만 하다 보면 영혼 없는 직장생활을 하게 된다. 많은 사람이 느낄 것이다. 바빠도, 어려워도 본인이 시작해 주도하는 일은 재미가 있다. 인정을 떠나 본인이 주도하는 일은 궁금증에 기본을 두고 있기 때문에 몰입하게 된다. '직장인이 일을 재미있게 할 수는 없을까?' 하고 많은 생각을 하곤 한다.

흔히들 선배들이 이야기한다. '하고 싶은 일을 하라'고 말하지만, 현실은 '해야 하는 일'만 있다. '과연 하고 싶은 일은 있는 건가?' 하고 생각해도 평소에 준비되지 않으면, 남감하다. 나도 편 대리처럼 비슷한 시절에 같은 고민을 했다. 의욕이 없고, 뭘 배우려는 욕심이 적으며, '같은 일을 또 해야 하나?' 하고 생각하면 귀 차니즘 자체였다.

그래서 20:80 법칙을 적용해보고 있다. 20%만이라도 내가 좋아하는 일을 항상 생각하고, 실행해보는 것이다. 나머지 80%는 직무에서 해야 할 일, 지시받은 일을 하면서 말이다. '20%를 가지고 만족할까?' 생각하지만, 조금이라도 본인이 궁금해 추진하는 일은 몰입한다. 재미를 느끼고 결과 후에는 희열을 느낀다.

사실 '20:80 법칙'은 유명한 이론이다. 약 100여 년 전, 이탈리아의 경제학자인 빌프레도 파레토(Vilfredo Pareto)가 영국의 부와 소득의 유형에 대한 연구를 분석하는 과정에서 알게 된 것으로, 소수의 국민이 대부분의 소득을 벌어들인다는 '부의 불평등 현상'을 말한다. "법칙이냐? 현상이냐?" 하는 이론적 논쟁도 있지만, 현재는 일반화된 '법칙'으로 통용되고 있다. 쉽게 이야기하면 '20%의 소수가 80%를 차지한다'라는 원리다. 예를 들어 보자.

- 20%의 소수 부자가 80%의 부를 차지하고 있다.
- 삼성의 20% 핵심 제품이 80%의 수익을 갖는 구조다.
- 백화점의 20% VIP가 80%의 매출을 올린다.
- 카페 20% 진골 회원이 80%의 댓글을 단다.

나는 이 유명한 파레토의 '20:80 법칙'을 세 번 접했다. 기억도 가물가물한 고교 시절 사회 시간에 들었던 기억이 있다. 그때는 의미도 잘 몰랐던 것 같고, 그냥 20:80을 기억하는 것 같다. 이후 회사에 입사하고 초급사원 때 외부 품질 교육 시간에 강사에게 다시 들었던 기억이 있다. 이때는 사회가 참 불공평하다는 생각을 했던 것 같다. 사회를 부정적으로 보던 혈기 왕성한 시절이었다. 그리고 몇 년 전 책에서 다시 파레토의 '20:80 법칙'을 접하게 됐다. 사례로 인용된 내용에 불과했지만 내게는 새롭게 다가왔다.

'20%의 내가 좋아하는 일을 하면, 80% 해야 하는 일도 재미있지 않을까?' 하고 생각됐다. 항상 일에 치이는 10년 이하 사원이 20%의 자기가 좋아하는 일을 하기는 쉽지 않다. 이것도 단계가 있다.

첫째, 해야 하는 일을 미리 주도적으로 해보자. 3년 이상 되는 대리 직급 정도가 되면 회사가 1년의 반복이라는 패턴을 알게 된다. 대부분의 회사는 9~11월 사이에 다음 해 사업계획을 수립하고, 이에 따른 각종 지표를 수립한다. 따라서 분기마다 집계하는 정기적인 업무를 지시받기 전에 미리 주도해보자. 양식 및 데이터도 미리 검토하면서 내가 주도해보는 것도 좋다.

둘째, 10:90 법칙으로 응용해보자. 대리 이하 사원이 10% 정도를 시키지 않은 일을 하면 우수한 것이다. 지시받거나 루틴하게 처리해야 하는 고유 업무 외에 10%를 좋아서 하는 일로 채우자. 본인이 주도했으므로 몰입하게 되고, 시키지 않은 일을 보면 상사도 인정을 한다. 때로는 시키지 않은 일을 했다고 뭐라고 하는 상사가 있을지 모르겠다. 그러나 시키는 일만 하고서는 오래 못 간다. 재미도 없고, 피동적으로 일하게 되면, 능률이 오르지 않는다. 꼭 창의적이고, 획기적이지 않아도 된다. 이전에 했던 업무의 반복이라고 하더라도, 10%는 최적의 변화를 주자. 양식도 바꿔보고, 방법도 바꿔보며, 내 입맛에 맞게 바꿔보자.

셋째, 20:80 법칙의 실전 적용이다. 실제 20%를 다른 방법으로 내가 주도하기란 말처럼 쉽지 않다. 특히 개선을 위한 투자 등 비용과 관련된 내용이라면 더욱 어렵다. 그래서 사전준비를 해야 한다. 나는 엔지니어로 설비 개선 업무를 오랫동안 했다. 한 공정을 내가 주도적으로 변경하기 위해 3년을 검토해서 개선한 적이 있다. 투자비가 많이 들어가는 업무는 한번에 승인받기 어렵다. 꾸준히 자기의 생각과 논리, 데이터를 준비해 도전해야 한다.

이 파레토 '20:80 법칙'은 일상에서도 많이 적용된다. 실제 나는 계절이 바뀌어 옷장을 정리할 때 아내에게 이 원칙을 설명해준다. 내가 입는 옷은 거의 옷장의 20%이니 20%는 내가 구분하고, 나머지 80%는 아내가 알아서 처리한다. 회사에서도 20%의 우수 인재 직원이 전체 성과의 80%를 차지하는 경향이 있다. 20%의 우수 인재가 되어 보자.

기업에서도 이 법칙을 많이 응용한다. 최근에 금융권에서 마케팅의 하나로 '프리미엄 클럽 마케팅'을 하고 있는데, 이것도 10% 우량 고객을 타깃으로 한 마케팅 전략이다. 지금은 온라인 판매가 더 많아지는 추세이지만, 대형 백화점에 가면 VVIP 코너가 있는 이유도 이와 같은 원리의 활용이라고 할 수 있다.

'일의 슬럼프'에 빠진 편 대리는 차츰 안정을 되찾아가고 있다. 어제 저녁 고수 김 부장과 저녁을 곁들인 술 한잔을 했다.

"편 대리, 딱 그때야. 지금 편 대리가 겪는 과정이 그래. 과장쯤 되면 웬만한 일은 능숙하게 처리하고, 방법도 아니까 좀 루즈해지는 시기라고 할까? 이때는 변화를 조금씩 줘야 하는데 20:80 법칙을 응용해봐."

김 부장이 진지하게 코칭한다. 다음 날 편 대리는 이번 설비의 콘셉트를 조금 변경하기로 했다. 이전에 생각해낸 방법으로 추진해보려고 우선 기안서를 작성해 승인을 받아볼 예정이다. 내 아이디어로 추진한다고 생각하니 결과가 궁금해지는 것은 당연하고, 몰입이 되는 것 같다.

때로는 직장생활을 하다 보면 '일의 슬럼프'를 느끼게 된다. 몸이 같이 무기력한 '장기 슬럼프'와는 조금 다른 측면이 있다. 고수들이 전하는 말에 의하면 "일로 인한 문제는 일로 풀어라"고 했다. 회사에서 인정받는 인재는 똑같은 일을 반복하지 않는다. 조금씩 변화를 주어 자기만의 방식을 만든다. 자기가 하고 싶은 일만 회사에서 하기는 힘들다. 하지만 본인이 잘하고, 관심 있는 사항을 꾸준히 하는 사람은 있기 마련이다. 바로 이들이 나중에 중요한 위치에서 본연의 일을 하는 인재가 아닐까?

1% 인재는
숫자로 표현한다

코로나의 영향으로 경기가 위축된 요즘, 각 기업들도 경쟁력을 갖기 위해 애쓰고 있다. 제품의 원가를 낮추기 위해 '원가 절감' 활동을 하고 있다. 구매 1팀 구 주임은 협력 업체 원가 절감 워크숍을 진행하고 있다. 며칠을 준비하면서 긴장된 탓인지 피곤함을 느끼고 있다.

"구 주임, 수고했어요. 오늘 워크숍은 어땠나요? 결과를 좀 보고해주세요."

조 팀장이 말했다.

"네, 팀장님. 결과를 요약해서 30분 후에 보고 드리겠습니다."

구 주임의 마음이 급해졌다. 작년에는 이 과장이 담당이었는데 금년 들어 구 주임으로 업무 담당자가 변경됐다.

"네, 오늘 워크숍은 열띤 토론으로 성공적이었습니다. 많은 업체가 참석했으며, 다수의 좋은 안건이 제안됐습니다. 바로 적용해 원가 절감이 가능한 사항도 있었습니다."

"구 주임, 너무 두루뭉술합니다. 몇 개의 업체가 참석했고, 많다면 작년과 비교하면 어떤가요? 각 업체별 안건은 몇 개이고, 금액 파악은요? 바로 적용이 가능하면 3개월 이내인가요?"

조 팀장의 물음에 구주임은 당황했다. 등에서 식은땀이 비 오듯 했다.

"네, 다시 정리해서 보고드리겠습니다."

구 주임은 힘없이 자리로 돌아오며 '왜 다 숫자로 물어보시지?' 하고 생각했다.

기업에 있다 보면 다양한 곳에서 숫자를 보게 된다. 업무도 숫자를 중심으로 이뤄진다고 해도 과언이 아니다. 기업의 존재 이유가 이윤 추구이고, 이를 정확히 표현하는 방법은 숫자를 이용한 것이기 때문이다. 숫자가 갖는 특성이 있다. 숫자는 간결성, 정확성, 빠르게 의사를 전달할 수 있는 장점이 있다. 우리가 말로 설명하면 정확한 표현이 어려운 것도 숫자로 표현하면 쉬우면서도 더 근거 있게 정확한 전달을 할 수 있는 이유다.

우리 업무에 깊숙이 들어 있는 숫자를 직장인들은 매일 마주한다. 좋든, 싫든 숫자와 씨름하고 있다. 그도 그럴 것이 기업은 이익을 내기 위해 파악하는 매출, 비용, 인건비, 이익, 손익분기 등의 지표를 경영진이 관리한다. 어느 업종이든지 이런 경영 정보는 숫자로 표현된다. 그만큼 기업에서 숫자가 가지고 있는 의미는 중요하다.

직장 내에 다양한 숫자가 존재한다. 주변에 보면 데이터가 많다. 이를 잘 해석하고 의미를 이해하는 능력이 필요하다. 숫자로 표현하는 능력이 필요하고, 업무에 숫자가 많은 도움이 된다는 것은 거의 알고 있다. 여전히 숫자는 통계학이나 수학을 전공한 사람들만 잘한다고 여긴다. 적어도 이과 정도는 나와야 숫자를 잘할 수 있다고 생각하는 사람이 많다. 그런데 사실 기업에서 사용하는 숫자는 우리가 아는 사칙연산으로 충분하다. 물론 연구소 같은 곳에서 특수하게 미적분, 탄젠트 등을 사용하기도 하지만 많지 않다. 나도 공장에서 공업용 계산기를 가지고 있지만, 사칙연산을 이용해 처리하는 업무가 95%다. 처음부터 숫자를 잘 다루는 사람은 없다. 요즘은 계산기가 다 알아서 처리한다. 누구나 가지고 있는 휴대폰에는 계산 기능이 있다. '자료에 적힌 숫자가 많은데 이걸 어떻게 해석하지? 이익, 영업이익, 매출 총이익 이런 단어는 나하고 상관없어' 하고 이해하지 않은 습관 때문에 어렵다. 숫자를 가까이 하고 이해하려는 노력을 습관화하면 가능하다. 기껏해야 더하기, 빼기, 곱하기, 나누기다.

현대 경영학의 아버지라 불리는 사람이 있다. 바로 피터 드러커(Peter Drucker)다. 그가 한 말 중에 기억에 남는 두 가지가 있다. 하나는 처음으로 '지식근로자'라는 개념을 도입했다. 지금의 '화이트칼라'를 말한다. 다른 하나는 "측정할 수 없다면 개선할 수 없다"라는 말을 남겼다. 개선에 관련한 참 좋은 정의다. 경영이란 것도 가능한 업무를 수치화하는 능력이 필요함을 강조한다. 숫자가 정보이고 힘인 시대다. 누가 더 본인의 업무를 수치화해 표현하고, 경영자의 의사결정에 필요한 숫자를 만들어내는가에 따라 영향력과 성장의 기회가 달라진다.

요즘 신경 쓰이는 두 가지 숫자가 있다. 첫째, 누구나 주의 깊게 보는 코로나 관련 확진자 수다. 오전 10시경에 발표된다. 처음에는 나하고 상관없는 뉴스에서 들으면 되는 정보였다. 현재는 장기화되고, 우리 주변 깊숙이 들어오면서 민감해졌다. 직장에서도 확진자 숫자 이야기를 많이 한다. 요즘은 중요한 정보가 되는 숫자다. 이 숫자에 따라 애들이 학교에 가기도 하고, 온라인 수업을 하기도 하며 삶의 변화에 영향을 주고 있다. 하루빨리 정상화 됐으면 하는 바람이다.

둘째, 아침마다 보는 실적 숫자다. 기업에 있다 보면 많은 곳에서 숫자를 보게 된다. 특히 제조업에는 온갖 종류의 숫자가 있다. 내가 근무하는 공장도 숫자에 둘러싸여 있다. 내가 이른 아침에 출근해 가장 먼저 보는 것이 있다. 전날부터 야간 근무까지 생산한 실적을 보는 것이다.

'실적 현황판'이라고 하는데, 제품이 하나 만들어질 때마다 수량이 늘어나는 실시간 게시판이다. 이 숫자가 늘어나지 않으면 문제가 있다는 이야기다. 다른 업무보다 우선해서 확인하고 마음이 급해진다. 주된 업무와 관련되어 있다 보니 이 실적에 따라 기분이 좌우되기도 한다.

직장에서 이런 경험들이 있었을 것이다. 정성 들여 자세하게 보고한다고 주저리주저리 보고하는데, 상사가 하는 말이 "뭐가 이리 길어? 숫자로 표현해봐"라고 한다. 이런 경우 참 직장인으로서 당황스럽다. 일 잘하는 직원은 이 부분을 잘 이용한다. 숫자가 갖는 힘을 이용한다. 숫자로 하는 보고는 전달력이 향상되고, 설득력이 강해 신뢰를 얻을 수 있다. 숫자는 팩트에 근거하기 때문에 상사는 숫자로 보고하는 직원을 인재로 여긴다. 엔지니어라면 데이터 등을 추가하면 더욱 신뢰하게 된다. 데이터가 갖는 힘은 강력하다. 흔히 데이터를 무리라고 한다. 데이터는 증명이다. 모든 논증의 최종이니 이를 수집, 분석하는 능력을 키워야 한다.

업무 속도가 향상되고, 효율적으로 일할 수 있는 장점이 있다. 숫자는 투입과 결과를 쉽게 볼 수 있어 업무의 흐름을 넓힐 수 있다. 특히 경제의 흐름을 파악할 수 있다. 기업은 이윤 추구를 목적으로 하기 때문에 돈이 중요한 요인이다. 어떻게 보면 직장의 모든 활동이 돈의 지출인 경우가 많다. 우리가 활동하는 것은 소비이고, 개선 등 목적으로 하는 것은 효율을 통한 매출을 올리는 행위다.

본인이 하는 일을 돈으로 표현하면 인정받는다. 예를 들어 "A공정의 개선이 5% 됐는데, 금액으로는 연간 얼마입니다. 불량이 10개 발생됐는데, 재료비 및 손실비용까지 얼마입니다"라고 표현하는 것이 이해하기 쉽다. 업무를 돈으로 표현하는 것은 어렵다. 처음부터 잘하기는 쉽지 않다. 하지만 꾸준히 표현하는 노력을 통해 습관화하면 안 될 것이 없다.

숫자로 표현하는 행위가 직장인에게만 필요한 것은 아니다. 우리가 생활하는 가운데도 숫자로 구체화할 필요가 있다. 내년 목표를 이야기할 때 "내년에는 건강을 위해 일찍 일어나서 운동도 하고, 책도 많이 읽어 볼 계획이다. 시간이 되면 여행도 하고 싶다"라는 계획을 세운다는 가정을 해보자. 마음은 기특하나 의지가 보이지 않다. 구체적이지 않기 때문이다. 하지만 "20ㅇㅇ년에는 건강을 위해 6시에 기상해서 1시간 웨이트 및 런닝을 통해 체중을 5kg 줄이겠다. 올해는 20권을 읽었으니 내년은 30권의 독서를 한다. 7월 휴가를 준비해서 제주도 여행을 한다"라고 하면 목표가 뚜렷하고 의지가 느껴진다.

"구 주임, 이렇게 데이터들이 많을 때는 표로 만들어 봐! 그래서 표에 숫자를 대입해 정리하면 이해가 쉬워요."

김 차장으로부터 숫자에 대한 코칭을 받았다.

"이렇게 제안, 개선 같은 결과물은 금액으로 표현하면 우선순위, 중요도가 한눈에 표현돼. 또 금액이 큰 효과가 좋은 항목 같은 경우는 한눈에 알지 않겠어? 경영진의 관심도 같지 않을까?"

구 주임의 두 번째 보고는 성공적이었다. 워크숍 결과를 작년 실적과 비교해 올해 결과가 좋은 것이 표현됐다. 금액으로 표현해 보니 올해 바로 적용해야 하는 항목이 있어 핵심 역량을 위해 지원도 받았다. 무엇인가 복잡하기만 했던 퍼즐이 맞춰지는 느낌이 머릿속에서 그려졌다.

우리는 뉴스나 매체를 통해 통계 등 갖가지 숫자를 접한다. 그 의미를 가지고 나름대로 분석, 이해해서 대화하곤 한다. 숫자를 보는 것에만 그치지 말고, 적극적으로 숫자를 이용해서 표현해보자. 특히 작장인은 숫자의 중요성을 습관화해야 한다. 두괄식으로 숫자를 이용한 결과를 표현하고, 근거의 데이터를 추가하는 노하우를 배워라. 같은 일을 해도 인정받고 쉽게 설득하는 방법이다. 더 나아가 인정받는 인재는 돈으로 표현한다. 중요도를 알아 큰 것에 집중하고 역량을 우선 발휘해 마치 주인처럼 생각한다. 숫자가 어렵지만은 않다. 습관이 되지 않아서다. 주변의 갖가지 숫자의 의미를 보는 것은 어떨까?

인재는 목표달성 능력이 다르다

"김 주임, 올해 추진했던 A 신기술 적용 건은 잘 완료해주었습니다. 효과도 에러율이 7% 개선됐습니다. 목표로 했던 5%를 넘었고요. 수고 많았습니다. 내년에도 B 신기술 개선이 있는데, 김 주임이 생각하는 목표와 계획은 무엇인가요?"

"네, 올해 좋은 경험을 했습니다. 내년 계획된 B 신기술 개선 건은 10월에 적용 예정이고요. 5% 개선이 목표입니다."

"그건 회사가 정한 목표이고, 몇 년간 추진한 경험을 바탕으로 김 주임이 생각하는 목표와 계획은 무엇인지 듣고 싶습니다."

생산기술팀 백 팀장이 내년 목표와 관련해서 연말 팀원 면담을 진행 중이다. 김 주임은 내년 회사 자료를 보며 설명했고, 백 팀장이 다시 보충 질문을 한 상황이다.

"제가 생각하는 목표, 계획이요? 아, 생각해보겠습니다."

김 주임은 면담 후 커피 한잔을 천천히 마시며 생각했다.

'그냥 목표는 회사가 정하는 것 아닌가? 내 목표가 따로 있나? 그러고 보니 당장 연초인데 무슨 일에 중점을 두어야 하지?'

우리는 목표를 생각해볼 때가 있다. 특히 연초에 새해 결심을 하면서 생각한다. 다이어트, 독서, 어학 향상, 재테크 등 많은 계획을 생각한다. 구체적인 목표가 없는 것은 결국 흐지부지되고 희망사항으로 남는다. 목표란 '활동을 통해 이루거나 도달하려는 실제적 대상'을 말한다. 쉽게 설명하면 '목적지'다. 우리가 산을 오를 때 다양한 등산로가 있을 수 있지만, 목표는 같다. 정상을 올랐을 때 목표를 달성했다고 한다. 우리가 선택하는 것은 나에게 맞는 최적의 길, 또는 상황에 맞는 효율적인 길을 택할 수는 있지만, 정상이라는 목표는 바꾸지 않는다.

그냥 편하게 실행하면 되는데, '왜 목표가 중요하다'고 하는 것일까? 그것은 목표가 최고의 동기부여 수단이기 때문이다. 목표는 달성하기 조금 어려운 수준으로 설정하는 것이 좋다. 저절로 이뤄지는 대상이라면 목표가 아니다. 목표가 없으면 저항을 만났을 때 게을러진다. 다이어트를 할 때 포기하는 이유도 동력이 떨어져 힘들 때 의지가 약해지기 때문이다. 공부할 때도 시간이나 범위의 목표를 정하는 것도 동기부여를 갖기 위해서다.

목표는 잠재력을 깨우며, 사람을 성장하게 한다. 목표가 없으면 최선을 다하지 않는다. 하루하루 움직이는 대로 보낸다. 이런 생활에 최선을 다한다는 것은 어렵다. 자신이 가지고 있는 잠재력이 깨어나지 않는다. 목표를 향해 최선을 다할 때 본인의 무한한 잠재력을 알게 된다.

동기부여를 받지만 목표를 달성하는 게 쉽지만은 않다. 하지만 목표를 달성하는 방법도 있다. 일단 목표를 무조건 적어서 보이는 곳에 놓아야 한다. 사람은 망각의 동물이라서 다른 바쁜 일로 집중하다 보면 목표를 망각한다. 눈에서 멀어지면 생각도 멀어지게 된다. 목표를 적어 책상에 붙이는 것도 좋은 방법이다. 요즘은 노트북이나 휴대폰 화면에 띄워 놓고 하루에도 몇 번씩 볼 수 있는 환경으로 만드는 사람도 많다.

목표에 대한 세부계획을 세워야 한다. 가령 산에 올라 정상에 오른다면 어떤 길로, 중간까지 몇 시간 내에 간다는 세부계획이 있어야 한다. 독서를 1년에 100권을 읽는다는 목표를 세웠다면 한 달에 8~9권 독서를 하고, 일주일에 2~3권을 독서한다는 세부계획을 수립해야 한다. 일이 생겨 한두 달 치를 나중에 읽을 수는 있지만, 더 이상 밀리면 포기하게 된다. 그리고 시간이 없다. 환경이 도와주지 않는다고 자기 합리화를 하게 된다. 전형적인 희망사항을 목표로 착각하는 사람이다.

다른 사람과 목표를 공유하는 것도 중요하다. 가족이든, 동료든, 친구든 주위 사람들에게 목표를 공유하는 것도 방법이다. 사람은 인정받으려는 욕구가 있어 다른 사람에게 공유가 되면 동기부여가 된다. 공유를 통해 자신의 말과 행동을 일치시키려는 노력을 한다. 특히 나는 아내에게 공유하면 더 잘 보이려는 욕심이 있는 것 같다. 아직 살아 있다는 것을 보여 주려는 것일까?

마지막으로 마인드 컨트롤이 있다. 저항이 있을 때 점점 하기 싫어지고 게으름이 생겨 포기하고 싶을 때 '나는 할 수 있다'라는 생각을 하는 것이 매우 중요하다. 긍정적 의지를 가지면 가장 좋은 동기부여가 된다. 목표라는 것도 단계가 있다. 한번에 점프하는 경우도 있겠지만, 어려운 목표라도 한 걸음, 한 걸음 다가가면 도달할 수 있다. 꾸준한 사람을 막을 수 없는 법이다.

금년 나의 목표는 세 가지가 있었다. 첫 번째 목표는 독서를 100권 하는 것인데, 처음에는 할 수 있을까 했지만 2달 만에 별것 아니라는 생각이 들었다. 결정적인 방법을 찾은 것은 시간이 없다는 핑계를 해결해서다. 휴일 새벽을 이용해 독서를 하니 오전에 한 권 정도 독서가 가능했다. 방법을 아니 새벽에 일어나는 일이 어렵지 않았다. 역시 목표의 힘은 강했다. 두 번째 목표는 몸짱이 되는 것이었다. 연말까지 복근도 만들고, 근육도 만들어 몸짱이 되는 목표가 있었다. 지금도 진행 중이지만 우선순위가 독서에 밀린 듯하다. 또 중간에 코로나로 센터가 사회적 거리 두기 때문에 운영을 하지 않은 영향도 있다. 하지만 사실 내 의지가 약해진 것도 사실이다. 내년까지 조금 미룰 예정이다. 세 번째 목표는 변경된 상태다. 25년 근속으로 회사에서 휴가가 부여되는데, 이를 이용해 크루즈나 호주 쪽 여행을 가고자 했다. 하지만 코로나로 전면 수정해야 하는 상황이다. 그래서 기회가 닿은 책 쓰기로 목표를 변경했다. 가장 저항이 많은 목표였다. 아니, 도전에 가까운 목표였다. 하지만 하나씩 도전해가는 것이 좋다. 비록 결과가 어떨지 알 수 없으나 예년에 비해 확실한 목표를 가지고 있다. 목표가 있으니 시간의 소중함을 새삼 느낀다. 없는 시간을 쪼개어 생활하니 몸은 좀 많이 피곤하다. 대신 넓은 마음을 얻은 것 같다.

사실 목표는 수립하는 것도 중요하지만 실천하는 것이 더 중요하다. 실천하지 않으면 희망사항이 되어버린다. 매년 희망사항을 반복적으로 말하지 않기를 바란다. '목표달성능력'이라는 말을 처음 사용한 사람은 현대 경영학의 아버지라 불리는 피터 드러커가 한 말이다. 목표를 어떻게 잘 완료할 수 있느냐를 말한다. 쉽게 설명하면 목표 관리를 말한다. 정확히 이해하고 실행을 얼마나 바르게 수행하느냐에 따라 쉽게 달성된다는 이야기다.

목표를 달성하는 능력도 선천적인 게 아니라 꾸준히 학습하면 향상된다. 목표를 관리한다는 것은 시간을 관리하는 것과 같다. 계획은 향후 벌어질 미래에 대한 대비인데, 시간의 효율적 가치를 나눈다는 것이다. 목표를 달성했을 때의 결과, 성과를 관리해야 한다. 일하는 자체가 수단이 되어서는 안 된다. 목표를 수행하는 것도 원하는 결과를 얻기 위함이다. 목표를 효과적으로 달성하는 요소에는 장점을 잘 이용하고, 중요한 것을 관리할 필요가 있다. 잘하는 것을 이용해 극대화하면 더 원하는 것을 얻을 수 있다. 일을 시행하면서 발생하는 판단은 중요한 요소다. 바른 판단을 위해서는 순서에 의해 근거를 확인하면 도움이 된다.

직장에 있다 보면 평가를 위한 목표를 수립한다. 생산지표, 품질 등 공통의 목표가 있고, 또 개인의 목표를 구분해 수립한다. 전체적인 목표는 개인이 노력한다고 좌우되지 않는다. 반면 개인의 목표는 본인이 관리해 달성해야 한다. 이 부분은 철저하게 관리하는 후배들을 보면 잘한다는 생각이 든다. 가끔 목표에 대해 이야기하다 보면 흐름이 많이 바뀌는 것을 느낀다. 요즘 목표가 '건물주'라고 말하는 친구도 있다. 맞을 수도 있고, 존중되어야 한다. 각자의 목표는 그 자체로 귀중한 것이다. 목표를 위해 어떤 과정을 노력하는지도 같이 봐야 한다.

"각자 장·단기 목표를 가지고 있는 것이 중요해."

백 팀장이 이틀 후 피드백을 주었다. 회사의 목표를 이해해 달성하려는 것은 그것 나름대로 중요하다. 하지만 각자가 목표를 가지고 노력하는 행동이어야 조직의 발전이 있음을 알려주었다.

"김 주임, 처음에 당차게 임원이 되겠다고 하지 않았어? 그 목표는 변함없어?"

"네? 아, 요즘은 일하다 보니 좀 잊었습니다."

백 팀장이 목표의 중요성을 일깨워 줬다. 마음속에 있던 목표가 다시 살아난 느낌이다. 김 주임은 목표를 위해 세부적인 계획을 계속적으로 준비하고자 하는 마음이 있다.

직장에서 우리가 하는 일은 목표가 다 있다. 내가 수립한 목표 데이터가 있기도 하다. 이를 위해 도전하고 성과를 내는 것은 직장인으로서 의무다. 회사의 목표와 내 목표를 구별할 수 있어야 한다. 추가로 개인의 목표는 분명히 있어야 한다. 목표는 동기부여가 된다. 지치고 어려운 난관 앞에서는 방향성을 잊기 쉽다. 하지만 확실한 목표를 가지고 있으면 돌아갈지언정 포기하지 않는다. 혼돈도 없다. 목표를 어떻게 관리할 것인지는 다양한 방법을 익혀야 한다. 목표 달성을 위한 실천은 무엇보다 중요하다. 목표 달성은 시간 관리와 같다. 주기적인 목표 확인과 확고한 의지가 있으면 어떤 목표도 두렵지 않다. 이로 인한 노력이 달게만 느껴질 것이다.

사무(事務)가 아닌
사무(思務)하라

요즘 나는 TV를 잘 보지 않는다. 책 읽기에 내 시간을 빼앗겼다. 시간을 맞춰 보는 프로그램은 9시 뉴스 정도다. 뉴스를 기다리다가 미리 채널을 돌리면 한 10분 정도 드라마를 보게 된다. 드라마에서 보는 사무실 풍경은 거의 비슷한 것 같다. 임원쯤 되는 사람의 방은 널찍한 소파가 있고, 유리로 장식된 부속품들이 화려하다. 우리 회사 임원들의 방도 차이는 별로 없는 것 같다. 기업에서는 대부분 앞에 소파 대신 회의용 탁자가 있는 게 차이인 것 같다.

직원들의 사무실은 임원들의 사무실과 차이가 많음을 느낀다. TV에서는 팀장이나 실장쯤 되는 사람의 책상과 직원 사이가 멀고 책상이 깨끗하다. 대부분 디자인 분야 사무실 설정이 많아서인지 정리 정돈된 모습이다. 우리 사무실과는 차이가 많다. 대부분 제조업 사무실을 가보면, 제품이 책상에 많다. 갖가지 서류가 층을 이루고 있다. 심한 경우 어떤 직원의 책상은 키보드 앞에 손 놓을 자리만 있다. 하여튼 책상에 뭔가 많이 쌓여 있다. 궁금한 것은 TV 속 사무실에서는 사무(事務)를 하는지, 사무(思務)하는지가 궁금하다.

제조 1부 이 주임은 입사 3년 차다. 오늘도 아침부터 현장으로 바로 출근했다. 새벽에 야간 근무 조로부터 공정 점검 카톡이 왔다. 2시간 정도를 현장에서 근무 후 엔지니어 사무실에 들어갔다. 메일을 열어 보니 챙겨야 할 것이 많다. 요청 메일은 일일이 피드백을 주거나 토스해야 한다. 마치 기계가 움직이듯 정해진 업무를 처리한다. 각종 회의도 참석해야 한다. 하루를 보내는 것이 꼭 전쟁터 같다. 정신없이 움직이며, 많은 업무 처리를 했다. 바쁜 것은 좋지만, 이 주임 마음에는 부족한 무엇이 있었다.

'매일 바쁘기는 한데. 내 일은 언제 하지?'

직장에서 보고나 문제가 발생되어 대화하다 보면 상사에게 "생각 좀 하라"는 말을 듣는 경우가 있다. "정신이 있어? 없어?"도 "생각 좀 하라"의 같은 표현이다. 생각을 하며 업무를 하는 것은 중요하다. 단순히 지시받은 일을 처리하고, 기계처럼 매일매일 해야 하는 루틴한 일을 하는 것만으로는 성장할 수 없다. 지시받거나 루틴한 업무도 '일신우일신'이란 말이 있지 않은가. 계속적으로 변화와 혁신이 있어야 발전할 수 있다.

세계 1위 수산기업으로 유명한 동원그룹의 창업주 김재철 회장은 '사무실은 그냥 앉아서 일하는 곳이 아니라, 창의적인 생각과 발상의 전환을 통해 부가가치를 만드는 곳이 되어야 한다'는 신념을 가지고 있다고 한다. 그래서 본사 사무실에 '사무실(思務室)'이라는 액자를 걸어 놓고 분발과 사고의 혁신을 강조한다. 참 멋진 행동이다. 일사(事) 대신 생각 사(思)라니.

일을 함에 있어 생각을 통한 한 차원 높은 발상의 전환을 통해 성과를 이루라는 이야기다. 나는 제조 현장에서 시간을 보낼 때가 많다. 제조 라인에 문제가 생겨 원인을 파악하고, 대책을 수립하는 일이 다반사다. 어떤 때는 큰 문제가 발생하면 며칠씩 현장에서 근무하다시피 한다. 제조업에서 현장 업무 또한 중요한 사항이다. 일도 연속성이 있다. 사무실에서 하는 일은 단발성이 아니라 연속적으로 이뤄지는 일이 있다. 문제는 현장에 장시간 있다가 사무실에 오면 멍해지는 느낌이다. 일의 연속성이 단절됐기 때문이다. 앉아서 무엇을 해야 할지 모른다. 준비된 생각이 없기 때문에 오는 혼란이다.

그래서 '생각을 많이 하는 업무'라는 뜻으로 내 책상에는 '사무직(思務職)'이라는 글씨가 크게 걸려 있다. '사무실(思務室)'을 모방한 간단한 행위이지만, 내 삶에 크게 변화를 줬다. 일단 자리에 앉으면 생각을 하려고 노력한다. 인위적으로 이렇게 하니 실제로 생각을 하게 된다. 생각을 하며 일하는 습관의 변화를 가져왔다. 좋은 습관이 생긴 것 같다.

내가 좋은 생각을 하는 습관을 실천하며 향상된 사고는 다음의 네 가지다.

첫째, 문제의 현황을 정확히 보는 눈이 향상됐다. 초급사원이 하는 행동을 보면 우선 큰일 났으니 무엇을 해야 하는지 방안을 내놓는다. 급하니 우선 그 일이 우선일 수 있다. 하지만 대부분 현상을 정확히 파악하지 못해 방안도 임시적인 조치 수준인 경우가 많다. 한번은 라인에서 트러블이 발생했는데 하루에 한 번 주기로 일어났다. 그 트러블이 심각해 비정기적으로 발생되는 현상을 보기 위해 며칠을 관찰했다. 애를 쓰며 보는 관찰의 희열은 아는 사람만 느낀다. 이슈는 문제의 시발점을 먼저 보는 것이 일의 시작이다.

둘째, 문제 및 원인을 알아야 해결이 가능하다. 원인을 찾는 것이 중요하다는 것은 다 안다. 하지만 원인이 명확하지 않기 때문에 발견하기 어렵다. 그 원인이 특히 눈에 보이지 않는 내부의 문제라면 더욱 파악하기 힘들다. 특히 엔지니어들은 원인을 파악하기 위해 많은 노력을 들여야 한다. 원인을 찾는 다양한 이론을 적용해보자(원인 분석 : 5Why, FTA, FMEA, TRIZ, HAZOP).

셋째, 대책 및 방안이다. 문제만 늘어놓는 서술형 평론가는 많다. 해결 방안을 고민하지 않으면, 앙꼬 없는 찐빵과 같다. 대책은 원인에 따른 대응이다. 원인이 불명확하면 제대로 된 대책을 수립할 수 없다. 대책을 수립했는데도 반복적으로 같은 문제가 발생하면 원인이 미흡함을 알 수 있다.

넷째, 계획수립이다. 일련의 과정이 바로 실행되는 경우는 적다. 계획을 수립해 일정에 맞추어 실행하는 것이 중요하다. '사무직'이라고 생각한다는 것은 결국 계획을 수립하는 것과 유사하다. 계획이 잘 수립될 때 주저 없이 추진이 가능하다.

엔지니어들은 원리와 근거에 많은 생각을 해야 한다. 근거가 없으면, 일종의 넋두리에 불과하다. 팩트를 체크하고 데이터를 분석하는 능력이야말로 인재로 성장하는 지름길이다. 생각을 한다고 하니 너무 어렵게 여기는 것 같다. 몸은 무겁고, 처리해야 하는 업무는 산더미인데 말이다. 여기에 창의와 혁신까지 강조하면 현실과 멀다고 느낄 수 있다. 우선은 작은 것부터 하나하나 만들어 나아가자. 목표를 항상 생각해보자.

그날 해야 하는 일을 먼저 생각해보고 순서, 방법을 되새겨보자. 특히 중요한 일, 우선순위가 있는 업무는 놓치지 말자. 이런 일련의 작은 생각을 통한 일일 성장이 습관화되면 큰 목표를 가질 수 있다.

제조부에서 오래 근무하다가 올해 품질부로 자리를 이동한 권 부장을 만난 것은 늦은 저녁이었다. 요즘 이 주임이 힘들어 한다는 소식을 듣고 권 부장이 마련한 자리였다.

"이 주임 요새 정신없지? 사업계획 시즌이라서 계획하느라 바쁘고, 생산계획이 늘어 눈코 뜰 새 없다는 이야기는 들었어."

권 부장이 한잔 들며 말했다.

"네, 조금 정신없이 바빠요. 하루가 어떻게 지나가는지 모르겠습니다."

지친 표정이지만, 누구에게 말하고 싶었다는 듯 이 주임의 목소리에는 힘이 들어 있었다. 권 부장에게서 일의 계획을 정리하는 내용을 들었다. 주어진 일 전체를 정리해보고 우선순위를 따져봤다. 이 주임 스스로 일의 중심을 짜봤다. 일단 생각이 많아졌다. 일일 계획을 세우고 퇴근 전에 확인해보고 있다. 왜 이 일을 하게 되는지, 중요한지를 생각하는 습관이 생겼다.

생각하며 일한다는 것은 자기중심으로 스스로 파악해 계획을 세운다는 것이다. 스스로 파악하지 않으면 지시받는 행위를 반복할 수밖에 없다. 어떤 일을 먼저 해야 할지, 자기 주도적으로 우선순위를 세울 수 없다. 잘나가는 인재는 생각하며 일을 한다. 우선 일의 현상을 관찰하고 원인을 따져본다. 이를 바탕으로 대안과 계획을 세우는 것을 자연스럽게 습관으로 들인다. 옳은 결정을 위한 일련의 생각하는 사이클이 있다. 이를 학습해 습관화하면 좋은 성과로 이뤄진다. 생각을 하며 주도적으로 일하는 것은 '주인의식'을 갖는 것이다. 주인의 마음으로 생각해보는 것이 중요하다.

무엇을 할 것인지를
분명히 적어라

코로나로 인해 자영업자를 비롯한 기업, 가정 모두 위축된 경기를 맞고 있다. 하루빨리 코로나가 종식되어 예전의 일상으로 돌아갔으면 하는 마음이다. 모두의 바람이다. 원하는 게 명확하면 우리가 무엇을 할 것인지도 분명하다. 바로 사회적 거리 두기 실천이 아닐까? 마스크 쓰기, 거리 두기, 손 자주 씻기, 환기하기 등이다. 보통의 시민이 무엇을 해야 하는지는 분명하다. 물론 국가에서는 백신을 조속히 개발해 코로나를 종식시켜야 한다. 역할에 따라 무엇을 할 것인지 상이할 수 있지만 목표는 분명하다.

"김 대리, 뭐해? 퇴근 준비 안 해?"

선배 박 과장이 컴퓨터를 끄며 말한다.

"네, 과장님. 퇴근 준비합니다."

김 대리가 머뭇거리다가 말한다. 퇴근길에 운전하며 김 대리는 생각에 잠긴다.

'오늘 회의도 참석 못 하고, 자료 송부도 연구 1팀에 늦었네. 아, 참! 샘플 접수도 못 했잖아! 오늘 그렇게 바빴던 것도 아닌데 왜 이렇게 엉망이지?'

일이 늘어나면서 김 대리의 하루는 요즘 늘 이런 식이었다. 그 날그날 무엇을 할 것인지 명확하지 않다 보니 실수가 있다. '휴, 엉망이네. 내일은 방법을 좀 찾아 봐야겠는걸' 김 대리 표정에 의지가 보인다.

직장에서 자주 듣는 질문 중 "그래서 뭘 할 건데?"라는 말이 있다. 계획을 묻는 것이다. 과거의 잘못된 점을 보완하기 위해 조사하든, 현재의 진행되는 일을 말하든, 향후 벌어질 일대 대한 내용을 말하든 다 계획이 있는지를 묻는 것이다. 지시받아서 보고서 작성을 하는 것도 계획을 가지고 하는 것이다. 단지 본인의 머릿속에 있는 계획을 공유하지 않고 일할 뿐이다. 직장에서는 계획을 구체화해 일을 하는 것과 계획 없이 일하는 것은 효율적인 면에서 차이가 많다.

무엇을 할 것인지 계획을 세우려고 해도 잘 안 되는 경우가 많다. 목적, 목표가 모호하면 무엇을 할 것인지 계획을 잘 세우지 못한다. 일의 실행에 앞서 계획의 중요성을 많이 강조한다. 한편으로는 계획을 너무 지나치게 강조하다 보면 실행을 하지 못하는 실수를 할 때도 있다. 계획은 우리 일에 있어 매우 중요하다. 때로는 무계획의 실행이 유용할 때도 있지만, 일단 무엇인가를 실행할 때 계획 없이 시작하는 것은 피해야 한다.

가령 우리가 흔히 실패를 많이 하는 것 중에 '다이어트'가 있다. 연초에 막연히 '운동해야지' 하고 무계획으로 운동하는 것도 좋다. 운동을 안 하는 것보다는 좋을 수 있다. 실행이 중요하니 하다 보면 재미를 느낄 수도 있다. 하지만 '다이어트'라는 목표, 목적이 없으면 쉽게 포기할 수 있다. 다이어트에 성공한 분들을 보면 명확한 목적이 있고, 체중을 몇 kg을 줄인다는 목표가 있다. 몸짱이 된다는 구체적인 목적이 있을 때 무엇을 할 것인지 계획이 수립될 수 있다. 이렇게 되면 흔들림 없이 계획대로 실행이 효율적으로 추진된다. 내가 무엇을 할 것인지 계획이 명확하다면 목표가 뚜렷해지는 것이다. 또한 내 의지가 들어 있으면 열정이 발휘되며, 결과에 대한 책임도 감내할 수 있다.

직장에서는 일일계획, 정보 등을 정리한다. 대부분은 다이어리를 이용해 할 일, 회의 등을 기록한다. 다 일일 또는 단기 일정계획을 정리하는 도구다. 나는 다이어리를 특별히 중요하게 생각한다. 꼭 일기 쓰듯 그날 나에게 주어진 일들을 정리한다. 회사에서 일하는 워킹데이를 빠짐없이 기록한다. 그날 내가 기록할 일이 없다는 것은 일하지 않은 것이라고 생각한다. 실제 가능한 많은 일들을 기록하려는 것은 '무엇을 할 것인지' 계획을 수립하려는 것이다. 사실 기록한 내용 대부분은 지시받은 사항이다. 이는 중요한 일이기는 하지만, 나에게는 해야만 하는 숙제와 같은 것이다. 숙제와 같은 일도 중요하지만, 내가 목표를 가지고 스스로 무엇을 할 것인지 찾는 과정에 성장이 있음을 알았다.

다이어리 이야기를 마저 하고 싶다. 보통 회사에서는 12월 2째 주 정도에 새 다이어리를 받는 것 같다. 나는 새 다이어리를 받으면 마음이 설렌다. 여기에는 무엇을 채울까 생각한다. 잘 쓰지 못하는 필체지만 정성껏 적는다. 그리고 지난 다이어리의 기록을 1월부터 12월까지 읽어 본다. 잘한 것도 있고, 잘못한 것도 있다. 아쉬움이 남는 것이나 미처 계획했으나 마무리하지 못한 것을 새 다이어리에 적어본다. 나만의 작은 의식이고, 새해에는 무엇을 할 것인지 분명히 적어보자는 의미다. 진짜 설렌다.

버킷리스트를 적는 이가 많다. 참 멋진 것 같다. 꿈은 꿈꾸는 자의 소원을 들어준다고 하지 않는가. 본인의 희망을 진실하게 적는다는 것은 열정과 의지가 있는 것이다. 이런 열정과 의지가 있어야 계획한 대로 실행이 가능하다. 계획한 대로 실행하는 것이 얼마나 어려운지 우리는 너무나 잘 알고 있다. 원하는 것을 분명하게 생각하고, 계획을 적는 습관은 무엇보다 중요하다. 계획 없이 시작해서 차질이 생기면 좌절과 후회만 남지만, 정성을 들인 계획에서 실패할 경우 생기는 아쉬움과 안타까움은 최선을 다했으니 받아들일 수 있다. 계획 후 실행은 성공을 위한 습관이다.

직장에서 있다 보면 배울 점이 많은 이가 있다. 그중에 C선배가 있다. 그는 일일계획에서도 빈틈이 없다. 각종 회의나 보고 받는 일정 등 많은 계획을 잘 조율한다. 오랫동안 업무 관련 노하우를 꾸준히 기록하고, 자료를 보관하고 있다. 당시에는 중요한 자료가 아닐지라도 시간이 지나고 사람이 바뀌면서 잊히는 게 당연하다. 하지만 예전의 자료와 비교하고 검증하는 자체가 무기가 되어버렸다. 그는 남다른 목표를 가지고 있었다. 초급사원 때부터 이 분야의 제조 전문가가 되겠다는 목표가 있었다. 구체적인 목표가 없었던 내 자신이 부끄럽다. 목표를 가지니 꾸준한 데이터베이스를 만들고 있단다. 이후 나도 무엇을 할 것인지 명확히 알고 기록하는 습관이 생겼다. C선배의 이야기를 듣고 10여 년 전부터 다이어리에 기록하는 습관이 이어지고 있다.

직장에서 어떻게 하겠다, 무엇을 이뤄보겠다 하는 내가 세운 목적과 목표가 달성되면 그 기쁨이 무척 크다. 어쩌면 목표를 달성하는 상상을 하는 것만으로 동기부여가 되어 실행하게 되는지 모른다. 예상과 다르게 직장생활이 내 뜻대로 흘러가지 않음을 느낄 때가 있다. 정성을 들여 목표를 수립하고 계획하며 노력했는데도, 내 뜻대로 가지 않는 경우가 있다. 하지만 생각대로 일이 진행되지 않는다고 상실감을 느끼거나 좌절하지 말자. 스스로 무엇을 했는지, 명확했는지 다시 짚어보고 도전해보자.

"김 대리, 오늘은 무엇을 할 것인지 계획을 점검해봤어?"

박 과장이 김 대리의 다이어리를 보며 묻고 있다.

"어, 회의가 있고, 샘플 제작이 있습니다."

김 대리는 부랴부랴 생각나는 대로 적고 있다. 일단 박 과장에게서 그날 관련된 일의 정리 방법부터 배우고 있다. 시간순, 중요도로 구분해 메모하는 요령도 숙지하고 있다. 하나하나 적어보고 내용을 정리한 지 일주일이 됐다. 그렇게 기록하다 보니 일이 새롭게 보이기 시작했다. 그동안 김 대리에게는 매일 해야만 하는 일만 있었다. 지금은 스스로 할 일이 눈에 보이기 시작했다. 자기주도 업무가 시작됐다. 바쁘기는 예전과 마찬가지이지만, 힘들이지 않고 일이 진행되는 것 같아 일도 재미있다는 생각이 든다.

직장 일은 반복적인 경우가 많다. 열정이 있었던 초심을 잃기 쉽다. 우리는 목표했던 일들, 계획했던 일들을 해내기 위해 노력하지만, 달성하지 못해 아쉬워하는 마음이 있다. 직장에 있다 보면 해야 하는 일이 많다. 보고, 조사, 원인 파악, 실행 등 지시받아 해야 하는 일을 하면서 배우는 측면도 있다. 하지만 해야 하는 일 보다는 스스로 목표를 가지고 무엇을 할 것인지 계획을 수립하는 이가 있다. 인재는 뚜렷한 목표를 가지고 있다. 이를 바탕으로 무엇을 할 것인지 적어본다. 흔들림이 없다. 인재는 뛰어난 성과를 낼 뿐만 아니라 계획 과정에서도 즐거움을 느낀다.

흐름을 읽고
판을 주도하라

'뭘 어떻게 바꾸어야 하지?'

제조 2팀 오 대리는 하루 종일 생각에 잠겨 있다. 이틀 전에 내년에 담당할 공정 개선에 대해 보고하는 자리가 있었다. 전년과 같은 자료, 같은 데이터를 보고했다. 변화의 필요성을 잘 파악하지 못했다. 오 대리는 '내년은 작년의 반복 아닌가? 바뀔 부분이 없는데…'라고 생각했다. 반면 김 팀장은 달랐다.

"어떻게 변화가 하나도 없지? 생산성은 5% 더 향상해야 되는데 어떻게 한다는 거야? 설비도 점점 노후되고 있는데 준비는 어떻게 한다는 거지? 몇 년째 같은 양식에 너무 변화가 없네."

결국 개선이라는 같은 사항을 봐도 생각의 차이가 있어 이틀 후 다시 검토하기로 했다.

사람은 새로운 것에 적응하는 시간이 필요하다. 또 이에 따른 부적응으로 인한 실패도 이미 인지하고 있어 변화를 거부하는 경향이 있다. 그래서 기존이 좋은지도 모른다. 하지만 기업에서는 변화를 강조한다. 시장은 계속해서 변하고, 고객의 트렌드도 새로운 것을 항상 추구한다. 맞는 말이다. 하지만 작은 것을 보는 습관에 적응되면 큰 흐름을 보기 어려운 것이 사실이다. 직장에 있으면 외부 강의를 듣는 기회가 자주 있다. 변화를 이야기할 때 빠지지 않는 이야기가 있다. '개구리 실험'이다.

어느 학자가 개구리로 실험을 했다. 개구리를 섭씨 40도 가량의 뜨거운 물에 집어넣으면 개구리는 필사적으로 밖으로 뛰어나와 산다. 하지만 반대로 개구리를 처음부터 차가운 물에 넣고 천천히 열을 가해 물을 뜨겁게 하면 개구리는 꿈쩍도 하지 않고 적응한다. 그러다가 마침내 뜨거움을 느끼는 한계에 다다르면 몸부림을 친다. 하지만 그때는 이미 늦어서 밖으로 뛰어나오는 시기를 놓쳐 그대로 죽고 만다.

몇 번 들었지만, 이 이야기는 나 자신을 돌아보는 계기가 됐다. 나 자신을 비추는 거울과 같다. 나도 갑작스러운 변화에는 개구리와 마찬가지로 처음에는 민감하게 반응한다. 마치 코로나가 처음에 급격하게 늘어날 때는 무슨 일이 일어난 것 같이 예민하게 여겼던 것처럼 말이다. 하지만 서서히 진행되는 변화에는 둔감한 것이 사실이다. 지금은 코로나가 예전처럼 심각하게 느껴지지 않는 것처럼 말이다. 하지만 기업에 변화의 바람이 서서히 불고 있다. 코로나 이후의 변화는 서서히 오는데, 이를 적극적으로 준비하지 못하고 있지 않은지 생각해본다.

초급사원들에게 변화를 이야기하는 것은 무리인지 모른다. 회사에 입사해 적응하기도 어려운데, 변화를 이야기하는 것은 혼란일 수 있다. 하지만 배우는 일이 영원하지는 않다. 항상 변화가 있고, 변경이 될 수 있다는 사고를 해야 한다. 변화를 읽어야 흐름을 알 수 있기 때문이다. 과거를 가지고는 주도적인 일을 하기 어렵다. 미래에 관련된 준비를 하는 과정에서 주도할 수 있다.

판을 바꾼 대표적인 사례가 1993년 프랑크프루트에서 있었던 삼성 이건희 회장이 제창한 '신경영'이 아닌가 한다. "마누라와 자식 빼고 다 바꾸라"고 했던 그의 말이 지금의 삼성으로 성장하게 된 계기가 됐다. 직장인인 우리도 거창하더라도 창조, 혁신을 의식적으로 생각해볼 필요가 있다. 하지만 일상에서는 작은 것부터 변화를 줘야 한다. 실행 가능한 것부터 습관화가 되어야 한다. 매일 하는 업무에도 변화를 주어 보자. 서류 양식도 자기 주관으로 변경하는 실험을 해보자. 누가 만들어 놓은 것들이 지금도 최적인지 살펴보자. 끊임없이 궁금하고 질문하는 가운데 변화가 있고 스스로 판을 주도할 수 있다.

흐름을 보고 판을 주도하는 상사가 있다. 문제 A에 대해 관련된 3~5개 팀이 보고를 하면 반 정도를 보고 받는다. 조금 듣다가 문제 B를 물어보고, 문제 C와의 관계를 확인한다. 전체에 대한 문제를 다 펼쳐 놓고 보기를 지시한다. 이때부터는 완전히 판이 바뀌는 경험을 했다. 보고 전에는 문제 A에 대해서는 보고자가 어느 정도 숙지도 했고, 현상도 잘 알아서 보고자 중심이었다. 하지만 질문을 통해 판이 바뀌면서 상사가 주도하는 것으로 변경됐다. 놀라운 것은 보고를 준비하는 팀원 입장에서도 이해되는 지적이라는 것이다.

어느 날 같이 식사하는 자리가 있어 상사에게 다가가 물었다.

"문제 전체를 보는 능력은 어떻게 생기신 건가요? 판을 항상 주도하시는데 특별한 노하우가 있으신가요?"

상사가 보는 관점이 있다고 했다. 우선 문제의 본질이 무엇인지를 본인에게 물어본다고 했다. 본인이 정확히 문제를 이해해야 다음 해결 방안을 논의할 수 있다는 것이다. 문제를 다 펼쳐 보이는 것이 중요하다. 다음은 인적 구성원을 본다. 사람을 본다기보다는 각 팀의 역할이 제대로 대응할 준비가 되어 있는지를 본다는 것이다. 크게 두 가지를 보고, 더 확대해 전개해야 하는지를 판단한다고 한다. 문제의 본질을 본인에게 물어본다는 말이 큰 배움이었다.

좋은 질문은 판세를 바꾼다. 흐름을 바꾸는 질문으로 판을 주도할 수 있다. 핵심을 관통하는 질문으로 흐름을 주도하며, 원하는 판을 만들 수 있다. 사실 '질문의 힘'은 모두가 알고 있다. 그러나 일상 속에서 크고 작은 질문을 던지는데도 그 영향이 크지 않은 경우가 많다. 절호의 시기에 좋은 질문을 하기 위해서는 평소 탁월한 역량이 있어야 한다.

질문과 관련해 우리에게는 좋지 않은 경험이 있다. 2010년 우리나라에서 있었던 G20 회의 마지막 날, 미국 오바마 전 대통령이 훌륭한 개최를 한 우리나라를 고려해 특별히 한국 기자에게 질문권을 줬다. 공식 석상에서 특정 나라에 질문권을 주는 것은 이례적이었다. 그런데 정적만 흐르는 가운데, 질문을 요청해도 질문하는 사람이 없었다. 오히려 오바마가 당황해 통역을 해준다고 해도 질문하는 사람이 없었다. 결국 중국 기자가 나서서 질문하는 영광과 판을 만들었다. 에피소드였지만, 국제사회에서 한동안 가십거리가 됐다. 이후 왜 이런 현상이 일어났는지에 대해 기자 사회에서 토론도 있었다. 크게 두 가지였는데, 하나는 수능으로 대표되는 우리나라 교육이 입시 위주여서 토론 문화와는 거리가 멀다는 것이었다. 또한 독서량이 워낙 적어서 틀리면 어떡하지 하는 내부 역량이 부족해 질문하지 못했다는 반성을 봤다.

나의 업무에서부터 변화를 시도해야 한다. 생각을 가지고 문제를 찾아봐야 한다. 1년 전과 보고가 같은 것이 정상인지 하는 문제의식을 가지고 보는 습관이 필요하다. 새롭게 할 방법은 없는지 꾸준히 생각해보고 실천해보자. 틀리고 실패해도 괜찮다. 틀리는 것을 두려워하면 주도할 수 없다. 무엇인가를 새롭게 하고, 변경하는 통틀어서 앞서가는 행위는 사실 쉽지 않다. 일도 많이 늘어난다. 질문도 많이 받는다. 검증했느냐? 문제없느냐? 책임질 수 있느냐? 하지만 판을 주도하는 인재는 이런 문제에 겁내지 않는다. 오히려 앞서서 업무를 하는 과정에서 얻는 것이 훨씬 더 많다. 더 많은 기회와 배움을 얻을 수 있다. 배움에 게으른 사람은 앞서는 행위를 하기 두려워한다.

"오 대리. 개구리 실험이라고 알지? 혹시 우리가 개구리처럼 현재의 좁은 시각으로 안주하려는 것은 아닌지 항상 반문할 필요가 있어."

김 팀장이 변화에 대해 이야기했다.

"네, 팀장님께서 무엇을 말씀하시는지 알 것 같습니다. 개구리 실험은 몇 년 전 교육에서 들었는데 다시 들으니 리마인드가 됐습니다."

오 대리가 이해한다는 표정으로 응답했다. 오 대리는 좀 더 적극적으로 앞서는 생각과 실천을 하기로 했다. 매일 반복되는 업무의 개선부터 추진해볼 계획이다.

매일매일 변화하는 환경에서 직장인은 현실에 안주하고픈 게으름을 떨쳐내야 한다. 평소 긍정적인 사고와 새로운 관점으로 문제를 보는 습관이 필요하다. 이러한 습관 위에 비로소 혁신을 할 수 있다. 내가 할 수 있는 혁신부터 실천하라. 반복적인 업무는 탈피할 수 없는지, 주기적으로 나타나는 현상은 왜 그런지 끊임없는 궁금증을 가진 질문에서부터 혁신이 시작된다. 실패와 거절의 두려움을 떨쳐내라. 변화와 혁신의 값진 결과를 얻기 위해 거치는 과정이다. 어차피 하는 일이니 주도적으로 해보자. 변화와 혁신으로 늘 판을 주도하면 재미있지 않을까? 인정은 덤이고.

의식은 항상
미래를 향해야 한다

"정은경은 도대체 우리에게 돈을 얼마나 벌어준 것일까?"

인터넷 뉴스를 보니 이런 기사 제목이 있다. 내용은 2020년 9월 기준, OECD 20년 주요국 경제 성장률 전망치가 모두 곤두박칠쳤다는 내용이다. 1929년 대공황 수준이란다. 일본은 -5.8%, 영국은 -9.5%, 프랑스는 -10.1%다. 우리와 경제 규모가 비슷한 이탈리아는 -10.55%, 캐나다는 -5.8%, 호주는 -4.1%, 러시아는 -7.3%로 모두 떨어졌다. 상대적으로 우리나라는 -1.0% 성장으로 전망했는데 선방했다는 내용이다.

요즘 코로나 관련 브리핑을 하면서 자주 등장하는 인물이 질병관리청의 정은경 청장이 아닌가 한다. 현재 대한민국에서 제일 바쁜 분일 것이다. 이미 잘 알려진 내용이지만, 미래 상황을 객관적으로 말하는 것으로 유명하다. 초기 감염자가 적을 때도 안심하기 이르다고 경각심을 줬다. 4월에 한동안 감소하던 시기에도 때가 이르다고 재확산 우려를 예측했다. 이 부분에 대해서는 확실히 전문성을 가지고 리더십을 발휘하는 것 같다. 객관적인 데이터를 바탕으로 현재의 수준을 분석해 미래를 예측하는 것은 리더가 하는 부분이다.

직장에서 스스로 묻고 답해야 하는 것이 있다. '내가 맡고 있는 역할은 무엇인가?', '내가 맡고 있는 위치는 무엇인가?', '어떤 일을 해야 하는가?'는 구성원 각자가 확인해야 하는 사항이다. 특히 리더의 위치에 있는 사람 내지 향후 리더가 될 사람은 스스로에게 묻고 해답을 찾는 과정에 익숙해야 한다.

리더는 자신이 하고 싶은 것을 힘으로 해결하는 사람이 아니다. 자신에게 주어진 업무를 자신에게 속한 구성원을 대신해 수행하는 자리다. 물론 주어진 임무를 어떻게 정의하는지는 전적으로 리더의 판단과 의식에 달려 있다. 리더가 자신이 해야 할 일을 정확히 파악하는 것은 무엇보다 중요하다. 무엇을 할지 명확히 파악하지 못하면 소속 구성원에게 상당한 고통을 준다. 왜냐하면 엉뚱한 방향으로 이끌어 에너지만 소비하기 때문이다. 문제의 핵심을 파악하는 것은 전적으로 리더의 능력으로 좌우되는 경향이 있다. 이런 능력을 갖춘 리더를 만나는 것이 조직에서 반드시 필요하다. 그래서 조직을 책임진 리더는 언제든 문제의 핵심과 본질을 파악하는 노력을 게을리해서는 안 된다. 또 리더가 되고자 하는 인재

역시 이 부분을 노력해야 한다. 이런 능력은 자신만의 관점에서 문제를 재해석해보는 노력이 하나둘 쌓일 때 갖출 수 있게 된다.

직장인들의 업무 특성을 보면 두 가지 부류가 있는 것 같다. '과거 지향적'인 직장인과 '미래 지향적'인 직장인이다. 전자는 과거의 경험을 우선시한다. 예를 들면 자신이 과거에 성취한 것, 걸어온 길을 의식에 담는 이들이다. 미래의 준비가 상대적으로 후순위다. 돌이킬 수 없는 과거는 배움의 대상일 뿐이다. 또한 미래를 준비하는 결정에 도움을 준다. 우리의 의식은 항상 미래를 지향해야 한다. 발전을 위한 기회는 미래를 준비할 때 온다. 과거로부터 오지 않는다. 결국 남보다 먼저 앞서는 것은 미래를 볼 수 있느냐에 달려 있다. 결국 기회를 잡느냐의 기준인데, 미래를 준비하는 데 필수 조건은 미래를 내다보는 안목과 통찰력이다. 리더에게 요구되는 가장 중요한 요소다.

회사에 있다 보면 개인의 특성들이 보인다. 내가 있는 곳은 제조업 공장으로 끊임없이 개선이 이뤄진다. 개선할 때 보면 과거의 실패에 묶이고, 동료의 불합리를 보고도 시도를 주저하는 과거 지향적인 성향의 사람이 있다. 또한 완벽하지는 않지만 새롭게 시도하고, 가능성을 보고 도전하는 성향이 존재한다. 물론 회사의 대규모 투자는 ROI(Return on Investment) 투자 수익율을 면밀히 검토해 투자한다. 지금 말하는 부분은 생각하는 의식이 어디에 있느냐를 말하는 것이다. 미래 지향적인 직원은 바쁘고 일이 많다. 상대적으로 원리, 근거, 데이터를 확인한다. 그리고 과정에서 성장하는 기회를 얻는다.

　나 자신을 돌아보면 '미래 지향적' 성향의 업무를 하는 것 같다. 유사한 업무나 반복적인 업무를 바꾸어 보려고 한다. 개선하는 성향도 60%의 가능성이 있으면 도전해본다. 나의 동료나 상사가 나와 같은 생각인지는 물어보고 싶다.

　리더는 흐름을 읽어내는 역량이 있어야 한다. 시대의 트렌드는 시시각각 변한다. 코로나 같이 예측하지 못한 상황은 언제든지 온다. 이런 불확실성을 읽는 역량을 키워야 한다. 편견이나 선입관을 가져서는 안 된다. 미래를 대비하는 리더는 편견이나 선입견으로 정보를 오판하는 실수를 하지 않는다. 미래를 있는 그대로 보는 데 걸림돌이 될 수 있음을 안다. 이와 관련해 공병호는《공병호의 희망 리더십》에서 존경받는 리더에 대해 이렇게 말했다. 아집과 편견을 뛰어넘어 대상에 대한 사랑을 가지고 열린 마음으로 미래를 바라보기 위해 노력하는 사람, 자신의 경험·지식·정보 등을 끊임없이 재검토하고, 때로는 아픔을 감수하고서도 자신이 가진 것들을 수정할 수 있는 사람이 존경받는 리더다. 반면 자신의 머릿속에 들어 있는 과거의 믿음을 더욱 강화하는 정보로 뭔가를 도모하는 리더는 위태롭다고 했다. 또한 이상향에 대한 그리움을 안고 이를 실현하려는 리더는 더더욱 위험하다고 말했다.

　우리의 의식이 미래를 보지 못하고 갇히는 경우가 있다. 흔히 '고정관념'에 갇혀 있는 경우다. 공장에 있다 보면 개선을 위해 목표를 수립한다. 전년도에 3%를 향상했다면 금년은 대략 고정관념으로 역시 3% 정도로 목표를 세운다. 하지만 매년 성장하다 보면 한계에 다다른다. 올해는 어떻게 맞추었지만 내년에는 힘들 것을 예상한다. 매년 성장하다 보니 개선의 포인트도 더 이상 생각되지 않는 한계에 있다.

3%를 개선하려는 요소는 이미 소진했다. 의식을 확장해서 관점을 바꿔보자고 한다. 3%에 맞춘 개선은 생각도 여기에 맞추게 된다. 그래서 30% 내지 50%를 개선 목표로 접근해보라고 지시하는 상사가 있다. 의식 전환을 통해 크게 보라는 지시다. 3% 개선은 오히려 어려운데, 30% 개선은 쉬운 경우가 있다. 실제 투자비 등 금액은 더 투입됐으나 효과가 더 커서 오히려 경영적으로 이득인 경우가 있었다.

의식의 확장을 통한 전환을 알고 지시하는 경우다. 내 것, 내가 보는 관점은 작은 의식 수준이나 넓게 확장해서 보면 안 보이는 측면이 해결된다. 폭넓게 사고하는 방법을 알게 된 경우다. 단지 직장에서만이 아니고 크게 보는 습관이 필요하다. 과거 지향적이고, 내 것만 보는 의식을 먼저 탈출할 필요가 있다. 또 일 잘하는 인재들은 이런 부분에 일찍 의식이 확장된 것을 본다. 후배라도 소신 있게 말할 때는 오히려 배운다.

미래를 내다보는 의식을 갖고 계속적으로 폭넓게 사고하려면 훈련이 필요하다. 의식을 확장하기 위해서는 관련된 독서를 하는 것도 좋다. 유튜브에 의식 확장에 관련된 영상도 많다. 나도 이런 의식 확장을 위해 노력 중이다. 기본적으로 깊은 사고를 해야 하는 것과 긍정적 신념을 가져야 함을 강조하는 것 같다. 이런 부분에 많은 노력을 하기 바란다.

꼭 리더가 아니더라도 앞을 보고 준비하는 습관이 필요하다. 판단을 위해서는 과거의 경험, 데이터를 확인해볼 필요는 있다. 하지만 전적인 판단의 기준으로 삼지는 않는다. 끊임없는 사고는 리더가 준비해야 하는 요소 중 하나다. 부정적, 과거 지향적 사고에 갇히는 오류는 피해야 한다. 긍정적, 미래 지향적인 의식을 갖추어야 한다. 기회는 미래를 준비하는 가운데 찾아온다. 독서와 할 수 있다는 긍정의 생각은 의식 확장의 시작이다. 기회는 한순간에 온다. 그러나 준비는 한순간에 이뤄지지 않는다. 꾸준한 노력으로 의식은 미래를 향하도록 매진해야 한다.

5장

최고의 경쟁력,
나 브랜드를
키워라

최고의 경쟁력,
나 브랜드를 키워라

"자, 긴급소식입니다. 내일 까다롭기로 소문난 고객사 C부장이 기술협의 차 우리 팀을 방문한다고 합니다. 무엇보다 준비를 잘 해주시기 바랍니다. 김 주임과 이 대리가 수고 바랍니다."

팀장이 내일 부재중임을 고려해 두 직원에게 고객의 방문을 알렸다.

'그래도 선임인 내가 잘 설명해야 하는데. 워낙 까다롭기로 소문이 났으니…' 이 대리는 기술협의를 준비하며 걱정이 됐다.

다음 날 고객사 C부장이 찾아왔다.

"혹시 블로그 운영자 '몸짱' 아니세요?"

"네, C부장님. '몸짱' 블로그를 운영하고 있는 김○○ 주임입니다."

"실제로 만나니 반갑습니다. 자기관리가 철저한 분이고, 진정성이 항상 있었습니다. 오늘 기술협의도 진지하게 부탁합니다."

고객사 C부장은 김 주임의 개인 블로그를 보고 '퍼스널 브랜딩'이 우수하다고 말했다. 이 때문인지 까다롭기로 소문난 C부장은 김 주임의 설명을 고분고분 잘 들었다.

'퍼스널 브랜딩이라. 조용하기만 한 김 주임에게 특별한 면이 있었네. 긍정적인데?' 하며 이 대리는 부러워했다.

요즘은 더욱더 불확실성의 시대에 살고 있는 것 같다. 예측하지 못한 코로나로 모두가 어려움을 겪고 있다. 이를 반영하듯 취업과 채용이 경직됐다. 직장인은 또 나름대로 경쟁이 심해지는 환경에 있다. 어느 때보다도 자기계발을 통한 가치를 높일 때다. 최근 젊은 2030세대를 중심으로 '퍼스널 브랜딩'을 위해 활동하는 사람이 많다. 기업이 나를 언제까지 책임져 주지 않는다고 판단해 스스로 자신을 책임져야 한다고 생각한다. 이런 자신의 가치를 높이기 위해 자기계발을 넘어 '나 하면 떠오르는 이미지'를 퍼스널 브랜딩이라고 한다. 즉, 개인 자체가 좋은 브랜드 가치를 가지고 있다는 의미로, 그 사람 하면 떠오르는 이미지에 대한 모든 것을 의미한다.

2000년 이후 IT가 급속하게 발전하면서 블로그, 인스타그램, 페이스북, 유튜브 등 SNS의 발달로 일반인도 개인을 브랜딩하기 시작했다. 브랜드란 더 이상 기업에만 통하는 말이 아니다. 개인을 포함한 존재하는 모든 것이 브랜드가 되는 시대가 됐다.

특히 요즘은 개성시대가 아닌가? 2000년 이후 2030세대 선생님들도 브랜드 활성화에 한몫한 것 같다. 학원 선생님들뿐만 아니라, 학교 선생님들도 요즘은 'OO쌤의 학급생활', 'OO쌤 노하우' 하면서 SNS로 차별화를 시도한다. 코로나로 온라인 수업이 도입되면서 더욱 변화되고 있다. 우리 아이들도 이런 부분에 특별한 관심을 가지기 시작했다. 화상 수업을 위해 노트북을 장만하며, 속도가 늦어 데스크탑을 교체하고 사용하는 기회가 많아지면서 관심이 늘었다.

어렸을 때 별명 같은 것이 지금의 퍼스널 브랜드의 시작이 아닌가 한다. 고교 시절 생각나는 선생님의 별명이 있다. 어느 학교나 있지 않았을까? 바로 2학년 담임 선생님의 별명이 '바야바'였다. 몸집이 크고, 몸에 털이 수북하며, 성격이 온순하다가도 다혈질로 변하는 그런 이미지 말이다. 딱 이 이미지와 같은 분이 우리 담임 선생님이었다. 거의 35년이 지나도 기억에 남는 것은 그만큼 이미지가 딱 들어맞았기 때문이 아닐까 생각한다.

직장에서 본인의 업무에 전문성을 곁들여 긍정적 평판을 받으면 자신만의 좋은 브랜드를 만드는 것이다. 누구나 자신을 인정하고 자신의 이름을 불러주기를 바란다. 하지만 아무나 자신만의 브랜드를 가질 수 없다. 이를 위해서는 몇 가지 방법으로 꾸준히 노력해야 한다.

첫째, 자신을 대변하는 남들과 특화된 콘텐츠가 있어야 한다. 가령 어학을 사내에서 특별나게 잘하고 발표를 잘한다든지, 남들이 모두 인정하는 기술이 있다든지 하는 것이다. 남들과 차별되는 매력적이고 끌리는 콘텐츠면 긍정적인 관심을 받는다. 둘째, 일관성이다. 자신이 갖는 콘텐츠가 일관된 메시지로 관련 사람들에게 전달되어야 제대로 각인될 수 있다. 셋째, 지속성이다. 일시적인 성과 등으로 본인의 실력을 인정받는 브랜드로 연결하기는 어렵다. 성과가 지속적으로 유지될 때 브랜드 가치로 인정받는다.

나는 나만의 브랜드 가치를 높이기 위해 노력하는 게 있다. 바로 '스토리텔링'이다. 5년 전쯤 평택 시장이 공장에 방문한 적이 있다. 이때 안내 및 설명을 내가 했는데, 잘못한 부분이 있었다. 귀한 분에게 자세히 설명하다 보니 너무 전문적인 용어만을 사용한 것이다. 상대의 눈높이에 부적합한 설명이었다. 가령 제품의 상세 규격, 설비 원리, 전문 장비 등을 필요하다면 이해할 수 있는 수준으로 설명해야 한다. 듣는 이 위주가 아닌, 말하고픈 내 위주로만 이야기했다. 이후로는 실제 듣는 이를 위주로 '스토리텔링'이 되도록 스크립트를 여러 개 준비했다. 지금은 여러 고객에게 설명을 잘 들었다는 이야기를 듣는다. 주변의 이야기가 아닌, 고객의 피드백에 귀 기울이고 있다.

　직장에서 먼저 자신의 브랜드를 키울 수 있는 것은 공부다. 사실 성공한 사람들은 끊임없는 자기계발과 공부를 한다. 남들 다 하는 보통 수준의 공부가 아닌, 자신을 차별화하고 브랜드화 시킬 수 있는 부분에 시간과 노력을 투자한다. 남다른 배움을 얻기 위해 치열하게 노력하는 것뿐만 아니라, 자신에게 꼭 필요한 공부라면 거액을 들여서라도 배우고 마는 특징이 있다.

　사실 나는 SNS도 서툴고, 카페, 블로그, 유튜브 등 2030세대가 능숙한 것과 거리가 있다. 그러나 요즘 이런 것에 관심을 두고 배우려 한다. 나의 경쟁력을 높이는 내 '퍼스널 브랜딩'의 콘텐츠는 독서와 책 쓰는 엔지니어다. 독서에서 내가 얻고 배운 울림은 컸다. 특히 좌충우돌하는 초급사원들에게 노하우를 알려주고 싶었다. 또 일반인도 책을 써서 브랜딩하는 모습을 보여주고자 했다.
　나는 나만의 콘텐츠를 계속 개발하고자 한다. 나의 장점은 무엇인지 책에서 일관되게 주장하는 게 있었다. 미래를 위한 계발에 단점을 보완하는 노력보다는 장점을 더 부각하고 발전하는 것이 필요하다고 한다. 독서의 목적에 이 부분이 추가됐다. 지금까지는 단순히 읽고 마는 수준이었는데, 나의 브랜드에 도움이 되는 것은 무엇인지 끊임없이 찾아보려고 한다.

"김 주임, 수고 많았습니다. 아직 젊은데도 자기계발에 열정이 있네요. 자기관리에 남다른 특기가 있는 것 같아요. C부장에게 들은 사항인데 김 주임의 이름은 잘 몰라도 '몸짱, 자기관리'를 말하니 바로 기억하더군요. 좋은 브랜드를 가지고 있어요. 잘 발전시켜 보세요."

팀장의 칭찬이 길었다. 생각보다 '퍼스널 브랜드'의 힘은 컸다. 김 주임의 이미지가 약간 부정에서 긍정으로 흐름이 바뀌었음을 이 대리는 느낀다. 김 주임의 몸이 부러운 게 아니라 꾸준히 자기관리를 하는 것 자체가 부러웠다. 이 대리는 중국어 부분에 집중해 차별화하는 계획을 갖고 있다. 외국 손님 방문 시 영어뿐만 아니라 중국어로도 확장하려고 한다.

직장에서 이기고, 살아남는 경쟁을 위해서만 '나의 브랜드'를 높이는 것은 아니다. 자신의 숨겨진 재능과 끼를 찾아내고 발전시켜 자신이 꿈꾸는 것을 이뤄 나가는 과정을 위해서도 필요하다. 단순히 누구에게 알려지고 보인다고 해서 개인 브랜드가 올라가는 것은 아니다. 개인이 가지고 있는 재능, 이뤄낸 놀라운 성과, 다른 사람과 다른 차별화를 가지고 있어야 한다.

이를 위해서는 필요한 분야에 대한 책을 많이 읽고, 관련된 사람과 관계를 잘 맺으며, 글을 쓰면서 스스로 자신의 고유 가치를 높이는 노력을 해야 한다. 결국 평생 공부를 통해 자신의 브랜드

를 키워 주인공이 될 수 있다. 아직 발견하지 못한 나의 브랜드는
어디 있을까?

회사는 나를 성장시켜온
가장 좋은 학교였다

성인이 되어서 학교에 가본 일이 있을 것이다. 지금은 학교가
아파트 단지 내에도 여러 개 있는 경우도 있다. 내가 사는 아파
트 바로 옆에 딸애가 다니는 학교가 있다. 그곳을 통해 자주 산책
을 하는데, 학교를 볼 때마다 '운동장이 너무 작은 것은 아닌가?
100m 달리기는 어떻게 재지?' 하는 생각이 들었다. 예전에는 고
등학교 다닐 때까지 체력장이라고 해서 100m 달리기 측정이 있었
는데, 운동장이 작아 100m가 나오지 않아 궁금했다. 요즘은 공부
를 열심히 해서 그런지 체육에 대해서는 이론이 많은 것 같다. 작
은 운동장을 보면 내가 성인이 됐지만, 기억은 아직 순수한 학생
의 마음이 있는 것 같다.

"이 주임, 내년에 사외 교육 뭐 신청할 거야?"

제조팀 교육 담당자 박 과장이 교육예산을 파악하며 물었다.

"사외 교육요? 글쎄요. 아직 뭘 신청해야 할지 모르겠어요."

이 주임이 난처한 표정으로 대답한다.

"그러면 내가 리스트를 보내줄 테니 부족한 걸 신청해줘요."

리스트에는 직무와 관련된 다양한 콘텐츠의 교육 프로그램이 있었다. 오토캐드, 6시그마, 공차론, 생산성 향상 이론, 유공압 기초/실무, 금형 실무 등 많은 교육이 있었다. '요즘 업무를 하면서 많이 듣던 내용이 모두 여기 있었네' 하며 알고 싶은 마음이 생긴다. '선배들은 어떻게 저런 걸 잘 알지?' 했는데, 이런 교육을 다 받은 건가? '나도 공학을 전공했지만, 대학에서는 접하지 않은 것들인데, 회사에서 필요한 교육은 따로 있네' 하고 생각했다. 사무실에서 접해야 하는 문서 작성 및 보고서 등 업무에 필요한 교육을 따로 배울 정도로 선배들에게 물어서 하고 있다.

25년 전 나도 그랬던 것 같다. 입사하고 몹시 긴장했다. 환경도 많이 바뀌었고, 사람들도 모두 처음이라 적응 시간이 필요했다. 나는 처음 제조부에 배치됐다. 제조 공정을 배우는 것이 재미있었다. 하지만 직장생활을 하면서 의문이 있었다. 이론적으로는 책에서 본 것 같은데, 실제 현장에서는 그 어디에서도 배우지 못했던 사항들이 필요했다. 시험에도 나온 적이 없고, 실습을 해본 적도 없었다. 나만이 아니고, 동기들 대부분이 같은 처지였던 것 같다. 마치 리셋되는 기분이랄까? 직장생활의 기본은 지금부터 새로 배우는 것 같다. 단지 직무와 관련된 업무 말고도 태도, 자세, 배우고자 하는 열의도 마찬가지다. 오랜 시간을 직장에 몸담고 있지만 아직도 모르는 게 있다. 역시 배움에는 끝이 없음을 느낀다.

학교라고 하면 우선 학교 건물, 학생, 선생님 그리고 '순수한 배움이 있는 곳'이 먼저 떠오른다. 교과서로 이론을 학습하고 때로는 시험이라는 평가를 받는다. 일부는 실습을 통해 피드백을 확인하기도 한다. 그러나 배움이 있는 곳은 학교만이 아니다. 다른 측면에서 직장은 최고의 배움이 있는 학교다. 마치 학교에서 배운 이론을 더 깊이 심화하고, 실습을 통해 꿈을 펼치는 곳 같다. 학교를 다닐 때는 순수한 마음에 시험만 없으면 좋겠다고 생각했다. 취업만 하면 끝인 줄 알았다. 하지만 매일 매 순간 결정하고 판단해야 하는 시험이 있다. 학교 시험에는 범위라도 있는데, 직장에서는 시험 범위란 것이 없다. 범위에서 벗어난 문제라도 답을 찾아 노력해야 한다. 또 누가 특히 답을 알고 있는 이도 없다. 스스로 공부해 터득해야 하는 문제가 있다. 그런데 모른다고 답이 없는 것은 아니다. 단지 누구도 알지 못하고 있을 뿐이다. 하나하나 알고자 노력하는 과정에서 오히려 정답을 마주치는 경우가 있다.

배움에는 끝이 없다.

　나는 성장기를 고생 없이 지냈다. 부모님은 고생을 많이 하셨지만, 적어도 자식들은 고생 없이 키우려고 많은 노력을 하셨다. 전형적인 새벽형 어른들로 부지런하셨다. 학창시절 대학을 졸업할 때까지 학비 걱정을 해본 적이 없다. 당연한 것으로 알 정도로 고생을 경험하지 못해 철이 없었던 것 같다. 지금도 아쉬운 것은 돈이 없어 공부에 방해가 있었던 것도 아닌데, 왜 공부를 등한시했는지 모르겠다. 목표가 없었다. 무엇을 하고 싶고, 해야 하는 이유도 없는 시절이었다. 이런 내 모습을 본 부모님은 얼마나 답답했을까 싶다. 자식을 키우다 보니 이런 생각이 많이 난다.

　배울 때 열정을 다해 학습하지 않아서일까? 나는 직장에서 많은 것을 배우고 경험하는 것을 좋아한다. 내가 할 수 있는 일은 끝까지 해내려 한다. 업무적인 교육도 많이 했지만, 다양한 경험을 하면서 나를 성장시킨 것 같다. 10년가량을 설비 투자 관련된 일을 집중적으로 진행했다. 이때 가장 힘들었던 것은 내 스타일의 설비를 만드는 것이었다.

　똑같은 설비를 통일성 있게 제작하는 것도 좋지만, 이전에 문제됐던 모든 사항을 반영해 내 설비를 만드는 것에 집중했다. 이때 다양한 실험 및 경험을 통해 얻은 교훈이 있었다. 내가 회사의 위임을 받아 투자를 집행하지만, 업체 사람들의 도움 없이는 좋은 설비를 제작할 수 없었다. 업체분들을 존중해줘야 좋은 설비를 만들고, 많은 생각을 공유해야 결국은 내가 원하는 좋은 설비를 제작할 수 있었다.

내가 경험한 것 중 나를 성장시킨 동력은 또 있다. 회사 업무를 하면서 다양한 국가를 방문하고 근무한 경험이 있다. 20여 년 전, 결혼하기 전에 포르투갈에 근무하며 다양한 문화적 경험 및 생각의 차이가 많다는 것을 알았다. 해외에 근무한 분들은 경험했겠지만, 자기가 맡은 한 분야가 아니라 전 부분에서 본사와 소통하며 해결해야 하는 것을 느낀다. 이후 내 업무만이 아니고, 타 업무의 특성을 관심 있게 학습하는 계기가 됐다.

처음 해외에 근무할 때는 걱정이 태산이었다. 영어도 잘하지 못해 소통에 어려움이 있고, 포르투갈은 영어권 국가가 아니어서 대학을 나온 사람들 정도만 영어를 하는 상태였다. 소통의 어려움을 어떻게 극복하나 하는 두려움이 있었다. 먼저 다가온 것은 그들의 문화였다. 우리는 오랜만에 만나거나 특별한 경우가 아니면 악수를 하지 않는다. 하지만 그곳에서는 생소했지만 아침에 악수하는 문화가 있었다. 그들은 처음 출근해 마주치면 저 멀리서도 와서 내게 손을 내밀었다. 나와 관련 있는 직원이든, 나와 상관없는 업무를 하든 상관없이 손을 내밀었다. 처음에는 적응하기 힘들었지만, 영어가 잘 안 되는 문제도 소통에는 큰 영향이 없었다. 나는 최근까지도 아침에 만나면 악수로 인사했으나, 지금은 코로나 시대 아닌가? 철저한 사회적 거리 두기를 하고 있다. 하루빨리 코로나가 끝나 악수하며 인사하고 싶다.

회사는 나를 성장시켜온 곳이다. 배움에는 끝이 없다. 하지만 나를 성장시켜온 회사도 언젠가는 떠날 곳이다. 우리가 시험과 승진, 경쟁을 위해 치열하게 공부한 업무, 노하우, 기술은 직장을 그만두면 쓸모없는 것이 될 수도 있다. 학교에서 배운 것들이 직장에서 도움이 적었듯, 어쩌면 직장에서 치열하게 배운 것들이 직장 밖의 새로운 삶에 도움이 되지 않을 수도 있다. 직장을 먼저 그만둔 친구들이나 퇴임한 임원분들에게서 "좀 더 여유롭게 생활할걸", "좀 더 주위를 둘러볼걸"이라는 말을 듣는다. 누구보다 치열했던 그분들의 이야기가 나에게 다가온다. 요즘은 사람에 대해 공부하고 있다. 치열하게 읽었던 자기계발 서적도 인문학 책으로 교체해보려고 한다. 내 주위를 한 번 더 둘러보는 시간도 가지려고 한다. 생각이 게으른 나를 계속 생각하게 하고, 왜를 찾게 만드는 회사는 나에게는 최고의 학교가 아닌가 생각한다.

이 주임은 앞으로 할 일에 대해 생각하는 시간을 가졌다. 학교에서 배운 것 외에 이제부터 새롭게 배워야 할 것이 많음을 알게 됐다. 우선 10년 내 전문성을 갖춘 엔지니어로 성장하는 목표를 세웠다. 기초부터 차근차근 배움을 바탕으로 성장하고자 한다. 동기들보다 학력이 좋지 않다고 생각했는데, 이번에 목표를 위해 열심히 해볼 마음도 다잡아봤다. 목표를 생각하며 제대로 배워야겠다는 다짐도 해본다.

가끔 경조사로 학창시절 친구들을 만나면 나처럼 25년을 한 직장에서 근무하는 사람이 많지 않은 것 같다. 이직을 많이 했거나 주로 개인 사업을 한다. 직장에서 바쁘다고 하지만, 주말 등을 이용해보면 그래도 직장인은 짬을 낼 수 있다. 배움이 꼭 직무와 관련되지 않아도 된다. 배움에는 끝이 없다. 직장에 있을 때가 제일 배우기 좋은 시기인지도 모른다. 늦었다고 생각하지 말자. 실행해보자. 지금이 가장 좋은 기회임을 알자. 지금도 늦지 않았다. 목표를 세우고, 시간을 허비하지 말자. 끊임없는 공부로 나의 존재를 깨워보자. 다른 나를 알게 된다. 진정한 공부는 큰 사람, 겸손한 사람이 되도록 인도한다. 오늘 출근하면 뭘 배울까?

직장인에게 최고의 성공 비법은 자기계발이다

김 대리, 송 주임. 오늘도 수고했어. 날씨도 꿀꿀한데 끝나고 한잔 어때?

설계 2팀 조 과장이 후배 사원들에게 저녁 약속을 묻는 카톡을 보냈다.

"과장님, 죄송합니다. 오늘 영어회화 처음 시작하는 날이라서 빠지기 힘들거든요. 오랜만에 연락 주셨는데 정말 죄송합니다."

김 대리가 어렵다는 메시지를 보내왔다.

"과장님, 저도 죄송합니다. 요즘 PT 다시 시작했습니다. 굿가이 지역 예선을 목표로 몸을 만들고 있습니다. 시간이 되면 술은 안 되더라도 참석하려고 했는데 도저히 안 되겠습니다. 거듭 죄송합니다."

송 주임마저 운동으로 힘들다는 연락이다.

'뭐야, 선배가 술 사준다고 해도 다 싫다고 하네. 그런데 다 자기계발은 열심히구만. 오늘은 맥주나 사 가지고 집에 가야겠다.'

편의점에 들려 집에 가는 조 과장의 어깨가 처져 있다. 후배들도 다들 자기계발에 열중인데 나는 뭐지? 집, 회사만 다람쥐 쳇바퀴 돌 듯하는 자신의 처지가 왠지 불안하게 느껴졌다.

자기계발을 하고 있는가? 특별히 자기계발을 하고 있지 않은 분들도 많을 것이다. 하지만 직장인이라면 상황은 다르다. 잡코리아에서 2019년 남녀 직장인 661명을 대상으로 '직장인 자기계발 현황'을 조사했다. 자료에 따르면 직장인 10명 중 7명이 "현재 자기계발을 하고 있다(67.8%)"고 응답했다. 직장인이 자기계발을 하는 이유로는 '이직을 준비하기 위해(38.4%)', '자기만족을 위해(29.5%)', '업무 역량 성과를 높이기 위해(19.0%)', '기타(13.1%)'순이었다. 앞으로도 직장인들의 자기계발 열풍은 더 증가될 것으로 예측된다.

'자기계발'이라는 말 자체가 참 좋은 것 같다. 사람의 내부에 잠재되어 있는 능력이나 재능 등을 밖으로 드러내어 발휘되도록 노력하는 것을 말한다. 타의가 아니고, 스스로 세운 목표를 얻기 위해서나 다른 사람의 경험이나 지식 또는 기능을 익히기 위해 노력하는 것을 말한다. 직장에서 자기계발을 하지 않는 사람도 여건이나 의지로 못할 뿐이지, 마음이 불안하기는 마찬가지다. 또 실제 자기계발을 하는 사람들도 작심삼일이 되는 경우도 많다. 피트니스 센터나 어학학원에 등록하는 비율은 연초가 가장 많다고 한다. 나도 사내에서 시행하는 어학 교육을 신청한 후 4월이 되면 불참하는 경우가 많다. 이때쯤 되면 의지도 약해지고, 귀찮게 느껴지는 시기다.

나는 사실 특별하게 자기계발에 어떤 의지를 가지고 도전해본 기억은 없다. 남들이 많이 하는 재테크 등에 눈을 떠 공부나 자격증을 따기 위해 노력한 경우도 없다. 대학원에 진학해 공부를 하겠다는 생각도 없다. 또 노후를 대비해 퇴직 이후의 직업 준비를 위한 자기계발도 하지 않았다. 단지 회사에서 요구하는 어학 자격 기준을 맞추기 위해 공부했을 뿐, 일부 후배를 이끄는 중간 관리자가 되다 보니 이런 부분에 잘하는 방법은 없을까 하고 책을 본 것이 전부다. 다만 내가 근래 자기계발, 성공학에 대한 책을 집중적으로 300여 권을 보다 보니 깨달은 것이 있다.

우선 '좀 더 일찍 이런 부분에 관심을 가질걸' 하는 후회가 들었다. 그러나 앞으로 더 이런 부분을 할 수 있다는 점에 감사하고 있다. 자기계발을 잘하기 위한 노하우도 있다. 같이 알아두면 작심삼일의 반복은 피할 수 있다.

첫째, 본인이 스스로 '목표'를 세워야 한다는 점이다. 자기계발은 자율성이 강한 학습이다. 누가 시킨다고 되는 것이 아니라는 이야기다. 자신에게 부족한 부분이 무엇인지 알고, 성장하려는 마음으로 업무와 장래를 고려해 생각해야 한다. 필요한 지식과 노하우, 기능이 무엇인지 인지해야 한다. 더 좋은 것은 본인이 좋아하는 것이면 문제 될 것이 없다. 본인은 특별하게 마음이 없으나 필요할 것 같고, 주위에서 권유한다고 되는 것이 아니다. 자신이 나름대로 재정리해 도달하거나 얻고자 하는 목표를 세우는 것이 중요하다. 막연하게 시작하는 것은 단순 학습으로 끝난다.

둘째, '문제의식'을 가지고 계속 생각해야 한다. 나도 그동안은 단순하게 책을 읽는 데 만족했다. 하지만 어떻게 동료들과 관계개선을 하고, 보고를 요령 있게 잘할 수 있을까를 생각하니 그 의미가 다르게 다가왔다. '왜 이래야 하나? 왜 이렇게 하면 더 좋다고 하지?' 하는 의문을 가지고 해야 한다. 그렇게 책을 읽기만 하는 수준에서 의미를 부여한 후 달라진 것은 '독서장'을 기록하게 됐다는 것이다. 처음은 같은 책을 또 읽지 않기 위해 제목만 기록해두었으나, 점점 내게 필요한 것을 얻기 위해 중요한 문구, 목차를 기록하고 있다. 이후에 내게 부족한 부분을 집중적으로 보완할 수 있을 것 같다.

셋째, '학습하고 경험'하는 것이다. 실제 시행해보는 것을 말한다. 머리로 계획만 한다고 이뤄지지 않는다. 목표로 세운 계획을 꾸준히 실천하는 것이 필요하다. 알고자 하는 것이 지식이든, 기능이든 단순히 생각만으로 끝나서는 안 된다. 업무와 관련된 것이라면 실제 생활 속에서 체험해봐야 자기 것이 된다. 내가 자기계발로 얻은 지식 중 실제로 이용하는 것이 있다. 보고서와 관련된 책을 많이 읽었는데, 직장에서 내가 접하는 보고서를 책 속의 내용과 일치해보고 있다. 언제 기회를 만들어 편하게 작성하고, 보는 사람 입장에서 필요한 부분에 대해서 알려주고 싶다.

넷째, '재정리의 힘'이다. 새로 익힌 지식이나 노하우, 기능을 내 방식대로 정리할 때 비로소 내 것이 된다. 우리가 학습하는 것은 남의 것을 배우는 방식이다. 내 것으로 만드는 과정이 필요하다. 사실 한 번 봐서는 단기 기억밖에 되지 않는다. 나 같은 경우 독서장을 엑셀로 정리했는데, 필요한 사항이 있으면 바로 찾아본다. 점점 내 보물 저장고가 되어간다는 생각이 든다.

경험에 의하면 자기계발을 자랑할 필요도 없고, 타인의 자기계발 성공에 좌절할 필요도 없다. 하지만 동료나 지인들과 진솔한 경험을 나눌 필요는 있다. 자신이 세운 자기계발의 목표를 달성하기 위해서는 스스로를 끊임없이 격려하는 의지가 필요하다. 자기계발은 누가 강요해서 하는 일이 아니기 때문에 의지가 강하지 않으면 쉽게 포기하는 경향이 있다. 공유하고 자신의 의지를 들어주는 사람이 있다면 힘이 된다. 특히 직장인들은 일이 바쁘거나 몸이 피곤해지면 게을러지고 싫증나기 마련이다. 가능하다면 생각이 같은 사람들과 생각을 나누는 것도 많은 도움이 된다.

직장에 동료 A가 있다. 그와 저녁식사를 같이할 기회가 있었다. 마침 자기계발에 대한 화제가 있어 대화를 나누었다. 그는 어학과 관련해 나름의 노하우를 가지고 있었다. 회사가 평택 외곽이라 학원을 가기 어려운데, 전화 영어를 13년 동안 꾸준히 하고 있는 면에 감탄했다. 사실 내가 경력으로는 선배이고, 훨씬 전부터 전화 영어를 경험했으나 나는 끈기가 없어 그만두었던 방법이다. 다시 A의 이야기를 들어보니 장점이 많았다. 시간, 장소에 구애받지 않고 할 수 있다는 점과 매일 접한다는 방식에 도움이 많이 됐고, 실력도 향상됐다고 했다. 사실 좀 부끄러웠고, 내 자신에 대한 자기계발 동기 부여가 향상되는 계기가 됐다.

자기계발의 필요성은 누구나 있다고 생각한다. 하지만 본인의 일에서 실패를 경험하거나 슬럼프에 빠지면 자기계발이 우선순위에서 벗어나는 경우가 있다. 실패에 너무 소심하지 않았으면 한다. 김연아는 멋진 점프를 성공하기 위해 1만 번 넘어지는 실패를 경험했고, 에디슨도 전구를 발명하기 위해 1만 번을 실패했다고 한다. 오히려 실패에서 성공의 반전을 보자. 흔히들 3, 5, 7년

주기로 자신도 모르는 사이 일에 의욕이 없어지는 슬럼프가 온다. 온통 귀찮아지는 현상으로 표현된다. 일의 매너리즘에 의한 슬럼프는 일로 해결된다는 자세로 적극적으로 생각하는 것이 좋다.

조 과장은 그 일이 있은 후 후배들에게서 '동기부여'를 얻었다. 무작정 따라 한다기보다 시간 개념을 생각하지 않은 자신을 돌아봤다. 몇 년간 바쁘다는 이유로 자신의 능력을 높이려는 노력을 하지 않았음을 생각했다. 송 주임의 권유로 피트니스 센터에 등록했다. 우선 처진 뱃살을 더 이상 방치하고 싶지 않다는 생각을 했다. 그리고 당분간 매월 2권의 독서를 하기로 했다. 언젠가 기회가 된다면 책을 써보고 싶어서 '책 읽는 기술과 쓰기'에 관한 내용을 읽는 것으로 계획을 세웠다. 조 과장은 '슬럼프가 이렇게 정리되네' 하고 생각했다.

자기계발에 성공한 사람들의 이야기를 들으면 참 부럽다는 생각이 들면서도 쉽게 움직이지 못하는 것 같다. 좀 더 풍요롭고, 인정받으며, 더 나은 삶을 살기 위해서는 자기계발이 필요한데 말이다. 비법은 있다. 미래의 우리에게 가장 중요하고 소중한 것들을 이해하고, 그것을 위해 좀 더 많은 노력과 시간을 쓰는 것이다. 자기계발이라는 우리 자신의 핵심 가치를 발견해보자. 자기만족과 마음의 안정을 경험할 수 있다. 늦었다고 생각 말고 지금 시작해보자. 나중에 시간이 더 많을 때를 기다리거나 지금이 아니라는 생각을 버리자. 자기계발을 통해 내면의 다른 능력을 향상시킨다면 곧 알게 될 것이다. 직장에서 인정받을 뿐 아니라 행복까지 얻게 됨을.

열심히 하기보다
잘하려 애쓰라

"네? 물량하고 환율, 인건비 기본 정보가 변경됐다고요? 아니, 이번이 벌써 몇 번째예요? 기본 정보가 변경될 때마다 예상 매출이 변경되잖아요. 여러 수식이 물려 있어 이틀이나 걸려 겨우 산출한 건데."

재무팀 서 주임이 내년 사업계획 중 예상 매출 수립과 관련해 이야기하고 있다. 엑셀이 아직 서툴러 수식을 맞추어가며 작업하고 있다. 기본 정보가 틀려지면 반 이상은 새로 산출해야 하는 작업이었다. 매출과 관련된 사항이다 보니 좀 예민하게 반응하는 면이 있다.

"서 주임, 기본 정보가 변경된다고 그렇게 오래 걸려? 피벗 테

이블, 매크로, 함수 조건으로 프로그램 되어 있는 거 아니야?"

옆에 있던 연 차장이 큰소리가 들리니 물어본다.

"네, 차장님. 아직 엑셀이 서툴러서 수식만 연동했습니다."
"그래서 오래 걸린다고 했구나. 매크로 하고 함수로 연동하면 초기에는 시간이 조금 걸려도 이렇게 변동해도 문제없어. 약 30분 정도면 충분히 자동으로 계산 돼."

'엑셀 수식 관련한 스킬을 향상해야 될 것 같은데. 중요한 사항이네.'

서 주임이 자신의 매출 검토 관련 스킬 부족에 대해 혼자 생각하고 있다.

직장에서 일하다 보면 나름대로 열심히 하는 것 같은데도 성과도 좋지 않고, 싫은 소리를 듣는 직원이 있다. 반면 여유가 있고, 바쁘게 일하는 것 같지 않은데 칭찬도 받고, 성과도 좋은 직원이 있다. 열심히 하는 것 자체로는 격려할 일이다. 그런데 칭찬받지 못하고 싫은 소리를 듣는다면 일하는 방법에 문제가 있을 수 있다. 일을 시키는 또는 지시한 사람의 기준에서 볼 때 만족스럽지 못해서일 수도 있기 때문이다. 일을 효과적으로 하지 못한다는 이야기인데, '열심히'보다 '잘하기'가 필요한 사항이다.

초급사원들이 입사하면 열의도 있고, 무엇인가를 해보고자 하는 마음이 있다. "열심히 하겠습니다. 무슨 일이든 시켜만 주시면 최선을 다하겠습니다"라고 말한다. 강한 인상을 주려는 행동이다. 하지만 본인 위주의 열심과 최선은 발주자가 원하는 수준이 아닐 수 있다. 이를 고객 중심으로 바꾸면 더 좋다. 시키거나 지시한 사람의 일을 "잘하겠습니다"로 바꾸는 게 옳다고 생각한다. "잘하겠다"라는 표현은 '실수 없이 또는 성취하고자 하는 목표를 틀림없이 지시한 대로 이뤄내겠다'라는 것이다. 그냥 "열심히 하겠다"고 하는 것은 막연하게 들리지만, "잘 해내겠습니다"고 할 때는 좀 더 확실한 목표가 있다.

그러면 어떻게 해야 '일 잘하는 직원'이 될까? 그것은 본인의 역량을 향상해 효율적, 합리적으로 신속하게 처리 대응하는 것이다. 만약 지시하는 상사가 요구하는 수준이 70정도. 10년 이상 된 프로 직장인의 수준이 100이라면, 70% 정도의 역량만 발휘해도 업무처리가 충분히 가능하다. 하지만 초급사원이나 역량이 부족한 사원의 수준이 50정도라면 자신의 능력을 100% 발휘해도 상사를 만족시키지 못한다. 기본 역량이 없는 상태에서 "열심히, 최선을 다하겠습니다" 해도 필요한 업무를 만족하지 못하는 경우가 발생한다. 그래서 본인과 관련된 일의 역량을 향상하는 데 집중해야 한다. 사회에서, 특히 직장에서는 주어진 일을 완수하는 입장에서 '잘 해내는 사람'을 인정한다.

예전에 "잘해"를 강조하며 알려주는 선배가 있었다. 공정의 개선을 위해서는 도면을 그려야 하는데, '캐드'라는 소프트웨어를 사용한다. 이것을 한참 배울 때 이야기다. "열심히 하겠습니다. 잘 가르쳐 주십시오" 하고 인사하면, "열심히는 학교에서 공부할 때나 하는 거고, 이건 너에게 꼭 필요한 거니 알아서 잘하면 돼. 모르면 너만 고생할걸?"이라고 말하는 선배에게서 프로답다는 느낌이 들었다. 한번은 초기 도면을 나름 열심히 그려 숙제 맡듯이 보여주면서 "열심히 했습니다" 했다. 그랬더니 선배는 "열심히는 필요 없다고 했잖아. 하여튼 제작하지 못하는 도면이야. 정확한 도면이어야 효율적으로 진행돼. 제대로 된 도면을 작성하는 역량을 키워" 하며 잘하는 습관을 들일 것을 강조했다. 선배 덕분에 결과에 만족하는 습관을 배울 수 있었다.

옆에서 지켜보니 문서나, 보고서 등은 보통의 수준으로 허점이 많았다. 하지만 실제 실물로 제작되어서인지 도면은 완벽에 가까웠다. 보통의 노력을 들이지 않았다. 두 번, 세 번 도면 검토를 통해 제작하는 사람이 혼란이 오거나 제작에 대한 추가 질문이 없도록 완벽하게 작성하는 수준을 갖추었다. 사실 그는 전문 설계요원이 아니었다. 업무적으로 필요해 노력해서 스킬을 전문가 수준으로 만든 것이었다. 업무적으로 잘하는 게 무엇인지, 제대로 배우려면 어떤 자세를 갖추어야 하는지를 배웠다.

나도 아직 더 잘하고 싶은 마음이 있다. 또 업무를 더 잘하고 싶은 초급사원에게 알려주고픈 몇 가지가 있다. 이 부분을 나도 반복해 습득하고 있다.

첫째, 잘하려는 마음가짐이 있어야 한다. 대충하는 일 처리가 아니라, 궁금하고 잘 모르는 것은 배우려는 바른 태도를 가져야 한다. 배울 때 제대로 배워서 반복되는 문제가 생기지 않도록 행동한다. 특히 동사형 인간처럼 적극적으로 움직이고, 솔선수범하는 좋은 본보기를 보여야 한다.

둘째, 일 잘하는 방법을 적극적으로 적용해본다. 업무의 진행 과정을 쉽게 알 수 있도록 보여야 한다. 그리고 업무의 많은 부분을 차지하고 있는 보고서 요령을 숙지한다. 보고는 두괄식이 답이다. 보고의 발주자가 누구인지 확인해 발주자가 쉽게 이해할 수 있도록 스킬을 향상한다. 추가해 20:80 법칙을 이용해 자기 주도적으로 업무를 하자. 또 자기의 업무와 관련된 필수 데이터는 암기해 신뢰를 받고 업무 효율을 높일 수 있다.

셋째, 미래를 준비해야 한다. 아침 10분 생각하기를 실천해야 한다. 또 무엇을 할 것인가를 항상 생각하는 습관을 가져야 한다. 과거 지향보다 미래 지향적인 사고를 할 것을 당부한다.

"우리가 하는 일에는 데이터가 상당히 많아. 특히 돈과 관련된 사항이고, 법인 등 다양한 부분의 자료를 정리해야 해."

재무 베테랑인 연 자창이 업무 스킬과 관련해 설명하고 있다.

"많은 데이터를 능숙하게 처리하는 실력을 갖추어야 해. 초보적인 수식 다루기로는 고차원 업무를 할 수 없어. 이 부분에 대한 역량을 키워야 해. 나는 책으로 공부했어. 내 업무와 관련된 역량을 키워야 주어진 업무를 잘할 수 있어. 최선을 다한다는 것만으로는 해결되지 않아. 앞으로 대차대조표 및 현금흐름표 등 관련된 스킬을 전문가 수준으로 높이도록 해봐. 궁금한 사항은 내가 적극적으로 도와줄게."

"네, 차장님 감사합니다. 잘하도록 제대로 배우겠습니다."

서 주임의 얼굴에서 업무 역량을 키워 앞으로 잘해내겠다는 굳은 의지가 보인다.

몇 년 전, 유명 야구선수 K가 다른 팀으로 이적하면서 선배 P에게 "열심히 하겠다"고 문자를 보냈더니 P에게서 바로 답신이 왔다고 한다.

> 열심히 할 필요 없다. 프로는 무조건 잘해야 한다.

그래서 K는 항상 "열심히 하겠습니다. 최선을 다하겠습니다" 했는데, 이를 바꿔 "잘하겠습니다"로 각오를 말했다.

우리 직장인도 마찬가지다. 본인의 역량을 키워야 한다. 열심히 하는 자세는 본받아야 하는 기본 태도다. 고수이자 프로 직장인이 되어야 한다. 하나하나 제대로 배우고, 관련 영역의 역량을 키우기 바란다. 일 잘하는 인재로 인정받는 길이다.

업을 지배할
100권의 독서를 하라

인재개발팀 주임 직급 역량 향상 교육이 사외 교육원에서 진행되고 있다. 교육 중 휴식시간을 이용해 동기들이 대화하고 있다.

구매팀 김 주임 : "영수야, 오랜만이네. 잘 지내지? 요즘 재테크는 어떻게 하고 있어?"

전산팀 이 주임 : "응, 재테크는 부동산이지. 요즘 아파트 분양 알아보고 있어."

기획팀 박 주임 : "아니야, 요즘은 주식이지. 코로나 때문에 하한가잖아."

영업팀 오 주임 : "그래도 부동산이야. 나는 요즘 경매를 한창 진행 중인데."

"네, 교육 시작합니다. 상무님 교육입니다."

"안녕하세요. 인사팀 김 상무입니다."

(중략)

"자기계발에 많은 노력을 해보세요. 장기적으로 보면 중요한 사항입니다. 그중에서 독서를 많이 해보세요. 다독가들은 1,000권을 독서해 의식이 변화된 분들도 많습니다. 여러분이 좋아하는 재테크에 관련된 내용도 괜찮으니 독서를 많이 해보세요."

점심식사 후 주임들은 재테크에 관해 밀린 숙제를 하듯 열띤 토론을 한다.

"아까 상무님 말씀 공감이 돼? 어떻게 1,000권을 읽으라는 거야? 재테크 할 시간도 없는데."

김 주임이 말했다. 다른 동기들도 공감되지 않는 모양이었다.

일전에 MBC에서 〈책책책 책을 읽읍시다!〉라는 교양 프로그램이 있었다. 이때는 책을 많이 읽은 기억이 있다. 출판계도 이때 책을 읽는 것이 활성화됐다고 한다. 요즘은 휴대폰이 필수품이 됐고, SNS가 워낙 발달되어 책을 읽는 이들이 많이 줄어든 것 같다. 굳이 책이 아니어도 필요한 정보를 쉽게 얻을 수 있다. 특히 유튜브에서는 필요한 정보를 동영상과 같이 상세하고 다양하게 접할 수 있게 됐다. 상대적으로 책의 중요성이 감소된 것 같다.

우리나라는 세계가 인정하는 IT 강국이다. IT를 기반으로 코로나와 관련해 전방위 역학 조사가 가능하기 때문이다. 특히 스마트폰은 초등학생부터 노인들까지 남녀노소 누구나 들고 다닌다. 포털 사이트에서 검색하면 바로 원하는 궁금증을 풀 수 있다. 너무 쉽게 정보를 얻을 수 있어서일까? 아이러니하게도 우리나라는 독서량이 적다고 한다.

2019년 국민 독서 실태 조사에 따르면 성인들의 연간 평균 독서량은 7.5권이었다. 1년에 10명 중 4명은 책을 전혀 읽지 않는다고 한다. 그 이유로는 '일 때문에 시간이 없어서'가 가장 많았다. 책 읽기의 중요성을 인지하고 필요성을 느끼면 없는 시간을 내어 독서하게 된다. 나도 책을 읽으면서 알게 됐다. 다독을 통해 삶의 지혜를 얻은 사람들의 이야기를 말이다. 책을 항상 지니고 다니며 틈새 시간을 이용해 독서하는 습관을 나도 실천 중이다.

워런 버핏(Warren Buffett), 빌 게이츠(Bill Gates), 오프라 윈프리(Oprah Winfrey), 손정의(孫正義), 스티브 잡스(Steve Jobs), 정약용, 김대중, 이분들의 공통점은 다독가였다는 것이다. 자기계발서를 읽다 보면 수십 번 등장하는 인물들이다. 이분들이 나보다 시간이 많지는 않았을 것이다. 독서 관련 책을 보면 일반인 중에서도 다독가가 많다. 우선 1,000권의 책을 읽으면 의식이 확장되고, 삶이 변화되며, 행복을 느낀단다. 나는 진행 중이다.

초급사원들에게 책에 미쳐 보라고 권하고 싶다. 독서를 통한 기쁨도 있지만, 자기계발에 이보다 더 쉬운 방법은 없다고 생각한다. 우리의 생각을 항상 미래에 맞춰야 한다. 현재 각자의 위치를 돌아보고 삶의 동력원을 계속적으로 얻어야 하는데, 책 속에 답이 있다. 우리가 가진 에너지와 시간 및 관심을 온전히 책 속에 집중하다 보면 새로운 것을 배우고 익히는 즐거움을 경험한다. 때로는 부정적인 생각이 들어도 하루하루 성장하는 자신을 발견하게 된다. 결국 자신의 일에서 행복하고 즐거운 삶을 찾게 된다. 이런저런 사유가 있겠지만, 책에서 답을 찾는 노력이 필요하다.

나는 요즘 독서에 푹 빠져 있다. 평소에도 매년 30~40권의 독서를 꾸준히 했다. 다독가에게는 아무것도 아니지만, 한 달에 2권의 책을 꾸준히 읽는 것은 쉽지 않다. 올해 우연한 계기에 다독을 하기로 했다. 연초에 임원 중 한 분이 1년에 100권 정도를 읽는다고 해 '그럼 나도 해볼까?' 하고 도전한 것이 계기가 됐다. 이후 실제로 책을 집중적으로 읽으니 불가능한 것은 아니란 걸 바로 알았다. 여름까지 100여 권을 읽었다. 요 며칠은 책을 쓰는 일로 잠시 책 읽기가 줄었다. 이 작업이 끝나면 다시 다독의 바다에 푹 빠져보고 싶다.

독서를 본격적으로 접하면서 생활 패턴도 바뀌었다. 우선 시간이 짧다고 느낀다. 그래서 책 읽을 시간을 확보하기 위해 애쓰고 있다. 나는 평소에도 일찍 일어나는 편이다. 새벽 4시에 일어나 책을 읽는다. 예년에는 휴일에 일어나도 산책이나 TV를 보며 시간을 보냈는데 지금은 오롯이 독서한다. 나는 이 시간이 제일 좋다. 누구의 방해도 없이 좋아하는 책을 5시간 정도 나만을 위해서 집중한다. 5시간이면 작은 분량이거나 내용이 쉬운 책은 1권을 읽을 수 있다. 그 행복을 아는가?

퇴근 후에도 오롯이 독서를 위한 시간을 가지고 있다. 시간이 아까워 가지고 다니지 않았던 손가방을 가지고 다닌다. 책 두 권을 넣고 시간이 날 때 읽기 위해서다. 자투리 시간을 이용한 독서법이다.

몇 년 사이 자기계발과 인문학 관련된 책을 약 300권을 읽었다. 특히 자기계발 분야에 집중했다. 독서를 통해 배우는 것은 시간의 소중함 외에 앎에 대한 갈망이다. 책을 통해 배우는 것이 마치 바둑에서 복기를 통해 잘못된 점을 배우는 계기와 같다. 쉼 없이 달려오니 어느새 50대. 치열하게 직장생활 한 25년의 경험을 되돌아보는 계기가 되고 있다. 경기를 먼저 뛰고 비디오 분석을 하는 것처럼 앞만 보고 온 25년을 아쉬운 부분은 책을 통해 고치고 있다.

자기계발 분야의 책을 읽다 보니 그동안 두서없이 생활했다는 것을 느꼈다. 내가 고민하고 알고자 했던 부분이 책에서 나올 때면 힘들게 산에 올라 정상을 만끽하는 것 같았다. 마음속에서 더 깨달은 것은 내 자신감이 향상됐다는 것이다. 때로는 무기력하고 의미 없는 시간을 보내고 있는 것 같아서 자존감이 낮았는데, 독서를 한 이후 자신감을 통한 자존감이 향상됐다.

독서에도 추천하는 분야가 있다. 책의 흥미 및 슬럼프를 고려해서 자기계발, 성공학−인문학−철학, 의식향상순으로 읽으면 좋다. 다독가들이 먼저 목표로 내세우는 것은 1,000권의 독서를 하라는 것이다. 나도 5년 안에 1,000권의 책을 읽으려고 한다. 독서하는 기술에도 여러 가지가 있다. 나는 아직 정독을 통해 한 권의 책을 오롯이 읽는다. 다양한 독서에 관련된 기술을 익혀보고 싶다.

사실 독서와 관련해 중요성을 반복적으로 알려준 분이 있다. 내가 초급사원 시절에 계셨던 임원이셨다. 업무 관련 보고 후에 또는 회식 자리에서도 한 세 번 정도 말씀하셨다. 월급의 10%를 자기계발에 쓰라는 이야기였다. 정확히는 10%의 돈을 아까워 말고 책을 사서 독서하라는 이야기였다. 그때 지금처럼 월급의 10%를 독서에 투자했으면 아마 다독가가 됐을 것이다. 그 당시는 책에 대해 별다른 중요성을 깨닫지 못했다. 서점에 가서 몇 권의 업무 서적과 당시 베스트셀러였던 조정래의 《태백산백》 시리즈를 사서 단번에 읽었던 기억이 있다.

두서없이 일을 하는 것보다 자신과 관련된 책을 먼저 100권을 읽어 보길 권한다. 당신의 업무 질이 달라질 것이다. 업무를 오래 하면 요령이나 단순 기술은 향상된다. 하지만 논리적 근거나 원리를 말하면 막히게 된다. 전문가적인 역량을 가질 필요가 있다. 영업, 품질, 연구, 제조, 인사 등 자신과 관련된 깊이 있는 독서를 통한 이론을 같이 겸비해보자. 깊이가 틀려지고, 이에 대한 관심을 가지게 될 것이다. 일도 자신감이 향상될 때 가속이 되어 최고가 될 수 있다.

김 상무는 알고 있다. 독서를 통한 자기계발의 중요성을 아무리 알려주어도 이 친구들의 관심은 온통 재테크에 있다는 것을. 하지만 언젠가는 독서를 하는 시기가 있을 것이다. 본인도 틈틈이 다독을 하며 소양을 쌓고 있다. 인문학과 철학 분야를 읽고 있다. 독서의 즐거움을 주변 직원들에게 알려주는 전도사가 되고 있다.

초급사원들에게 기회가 있을 때마다 다시 알려주려고 한다. 강요가 아니다. 임원 이전에 직장 선배로서 이론을 겸비한 각자의 역량을 가지기 바란다. 삶의 지혜를 계속적으로 전달해주는 동기부여가 필요하기 때문이다.

최근에 피트니스 센터에서 운동을 하면서 복근을 단련하려고 생각했다. 예전 같으면 책에서 필요한 정보를 얻었을 텐데 간단했다. 바로 휴대폰 유튜브에서 복근을 검색하면 수십 개의 관련 동영상이 있다. 그것을 보며 따라 하면 된다. 필요한 정보는 책보다 확실히 빠르게 공유할 수 있는 것 같다. 하지만 책은 또 다른 울림이 있다. 책을 읽으면 사색을 하게 되고, 내 생각을 더해 깨달음을 얻는다. 자신과 관련된 책을 통해 원리와 근거를 겸비해보자. 자신의 일을 더 사랑하게 된다. 꼭 딱딱한 책이 아니어도 좋다. 쉬운 분야를 읽어도 좋다. 책에는 내가 경험하지 못한 깨달음이 있다. 어렵지만은 않다. 동틀 무렵 조용한 고요 속에서 커피 향을 맡으며 독서로 사색하면 어떨까?

1% 인재는
시간을 관리한다

"과장님, 저는 회식을 빠지면 안 되나요?"

재무팀 김 대리가 시간이 없다는 표정으로 물었다.

"무슨 소리야? 아침에 팀장님도 말씀하시고, 카톡 못 받았어? 늦지 않게 5시에 출발하라는 지시 말이야."

이 과장이 퇴근 준비를 하며 말한다.

"3/4분기 매출 보고를 내일 아침에 해야 하는데 많이 남았거든 요. 아침에는 끝낼 수 있을 것 같아 말씀을 안 드렸는데, 하다 보 니 늦었어요."

"30분 내로 정리하고 바로 출발해. 길이 조금 막힌다고 둘러댈게. 더 이상 늦으면 곤란해."

아침에는 여유가 있을 것 같았는데, 퇴근 무렵이 되니까 시간이 부족했다. 김 대리는 긴급한 대로 정리하려고 했다. 아니나 다를까 얼마 지나지 않아 다들 기다린다고 왜 안 오냐고 카톡에 전화가 불이 났다.

'할 수 없지. 팀장님에게 하루만 더 시간을 달라고 조르는 수밖에. 회사만 오면 왜 이리 쫓기지?'

김 대리는 급하게 정리하고 뛰어나갔다.

요즘 기업들은 주 52시간 적용으로 예전처럼 남아서 잔업을 하는 것도 자유롭지 않다. 그렇다고 인원이 더 늘어난 것도 아니고, 업무량이 줄어든 것도 아니다. 짧아진 근무 시간을 효율적으로 선택하고, 집중해서 업무 효율을 높여야 한다. 하루 24시간은 누구에게나 공평하게 주어진다. 그런데 유명 연예인이나 기업의 임원들을 보면 정해진 스케줄에 따라 하루에도 많은 일정을 소화한다. 어떻게 이것이 가능할까? 내 시간을 위해 다른 사람의 시간을 얻기 때문이다. 생각할 시간도 없이 이동하고, 먹을 것, 입을 것 다 나를 위해 준비해주는 사람들이 있어서 필요 없이 낭비되는 시간을 절약한다.

우리도 나를 위해서 누군가가 내 시간을 절약해주면 어떨까? 회의 시간을 정확히 알려주고, 회의 시 준비가 안 되어 기다리는 시간 동안 다른 업무를 한다. 보고하러 가서는 사장님이 손님을 대응하는 시간 동안 기다리는 시간을 절약한다. 심지어는 출퇴근 시간 동안 누군가가 대신 운전해 밀린 업무를 마무리하면 어떨까? 누군가가 내 시간을 절약해줄 수 있도록 성공해 이렇게 해보자. 하지만 현재는 내가 잘 관리해 절약하는 방법이 직장인에게는 최선이다.

실제로 일 잘한다는 이야기를 듣는 직원들의 상당수가 시간을 잘 활용한다. 어차피 해야 하는 일은 정해져 있으니 주어진 하루 8시간 내에 마무리하도록 관리한다. 이렇게 하려면 우선 해야 하는 일이 명확해야 한다. 목표가 명확하게 정해지면 어떤 것을 해야 하는지에 대한 혼란이 없다. 이로 인한 시간 허비가 없다. 목표를 구체적으로 정하는 것과 같이 일의 우선순위를 생각한다. 무작정 시행하다 보면 필요 없는 일에 시간을 낭비하는 오류를 범한다. 스스로 나에게 지속적으로 물어야 한다. 지금 중요한 일은 무엇이고, 내가 더 중요한 가치 있는 일에 시간을 보내는지.

또 시간은 효율적인 사용이 중요하다. 그 일에서 최적의 방법이 무엇인지 확인해야 한다. 소모적으로 낭비되는 일에서 빠져나와야 한다. 여기에 사전 계획을 미리 검토해야 한다. 가령 우리가 동선이라는 것을 생각해본다. 한 걸음이라도 비효율적인 행위를 줄이려고 실생활에서도 적용한다. 마트에 가서 고기를 살 때 신선 식품인 생선을 같이 사고, 공산품을 살 때는 미리 적어둔 동선으로 움직인다. 고기를 샀다가 공산품을 사고, 다시 생선을 사려면 시간 낭비라는 것을 자연스럽게 안다. 사소한 것이지만 미리 계획하지 않으면 낭비가 생긴다. 하물며 회사에서 여러 가지 일을 하는 직장인은 미리 자신의 일을 사전 계획할 필요가 있다.

단지 직장에서의 업무를 위해 시간을 관리하라는 것은 아니다. 누구에게나 시간은 값진 보물이다. '황금보다 귀한 것은 지금이다'라는 이야기가 있지 않은가? 전반적인 시간의 귀중함을 알기 바란다. 본인만의 시간을 가져보길 권한다. 우리 직장인이 조용히 자기만의 시간을 가질 여유가 언제인가? 회사에서는 회사 일정에 맞추어 소비하고, 집에서는 가사, 자녀 일로 내 자신만을 위한 시간을 가지기가 쉽지 않다.

시간을 경영해 성공하는 분들을 보면 새벽을 활용하는 분들이 많다. 본인만의 삶의 목표와 가치를 이루고자 노력하는 분들이다. 하지만 본인만의 시간을 낼 수 없어 새벽을 이용한다. 도저히 이룰 수 없을 것 같은 일도 새벽에 답이 있었다. 새벽과 아침은 오롯이 나에 집중할 수 있는 시간이다. 아이들, 아내, 상사, 친구로부터의 침범이 없는 내 자신만의 시간을 가질 수 있는 유일한 시간이다. 이 시간을 어떻게 이용하느냐에 따라 자기계발을 통한 발전을 이룰 수 있다. 물론 사람의 생체 리듬이 상이하니 저녁 시간대가 더 효율적인 사람도 있을 것이다. 각자의 체질에 맞는 본인만의 시간을 가져야 한다. 나는 요즘 휴일에 새벽 4시에 일어나는데, 이 시간이 전적으로 나에게 사용되는 시간이다. 커피 한잔의 여유를 갖고, 책을 통해서 지혜를 얻는다. 누가 내 시간을 맞추어 주는 사람이 없으니 각자 틈새 시간을 활용해 값진 시간을 누리도록 하자.

12,705대의 자동차를 판매한 K자동차 판매왕 P부장은 무슨 일이 있어도 새벽 3시에 기상해 활동한다고 했다. 영업을 하다 보면 밤에 늦는 경우도 있지만, 매일 이 시간에 일어나 준비한다고 한다. 달리 성공하는 게 아니라고 생각한다. 눈에 보이지 않는 특별함이 있어야 한다. 새벽에 일찍 일어나는 것을 실천하는 데 성공하면, 시간 경영 측면에서 이미 절반은 성공한 것이다. 절반의 성공을 완전한 성공으로 이끌기 위해서는 구체적인 노력이 필요하다. 하지만 확보한 시간을 어떻게 하면 더 효과적으로 활용할 수 있을지를 생각해야 한다.

"김 대리, 아침 10분 계획을 더 면밀히 검토해봐."

이 과장이 몇 년 전 배운 '아침 일일계획 생각하기'에 대해 이야기하고 있다. 아침에 그날 꼭 해야 하는 일의 우선순위도 같이 설명하고 있다. 계획적으로 시간을 활용한다는 게 처음에는 쉽지 않아 보였다. 이 과장은 자신의 경험을 살려 일일 스케줄러를 공유했다.

"과장님, 감사합니다. 같은 시간인데, 시간을 벌은 것 같은 생각이 듭니다."

김 대리가 고마움을 표현했다. 마치 정해졌던 자신의 시간이 덤으로 추가된 느낌이 든다.

혹시 가장 일찍 출근해 늦게 퇴근하는 것을 당연하다고 생각하지는 않는가? 지금은 주 52시간 근무하는 시대로 변화하고 있다. 장시간을 투입해 성과를 내는 비효율로는 경쟁하기 어렵다. 시간도 마찬가지다. 누구에게나 공평한 시간을 효율적으로 사용하는 방법을 실천해야 한다. 누군가가 나의 시간 활용을 도울 수는 없다. 내 스스로가 비효율을 제거해야 한다. 하는 일의 목표, 우선순위를 먼저 생각하자. 우왕좌왕이 없어진다. 의미 없는 행동을 제거하고, 아침의 계획을 습관화해보자. 비효율이 제거된다. 본인만의 시간을 가지는 것 또한 무엇보다 필요하다. 새벽 시간을 이용해 오롯이 본인의 시간을 가져라. '무엇을 할 것인가?'가 계획될 것이다. 더 이상 "시간이 없다. 시간이 부족하다"라는 말을 하지 않는 당신을 발견하게 될 것이다.

미래가 불안하다면
책부터 써라

"오 팀장은 어떻게 그렇게 말을 잘해? 고객과 만날 때 하는 이야기들은 어디서 정보를 얻어?"

영업 2팀 김 팀장이 소주잔을 비우며, 동기인 영업 1팀 오 팀장에게 묻고 있다.

"응, 일단 책에서 많은 공감을 얻어. 책에 모든 답이 있는 것 같아. 그리고 요즘은 강연을 찾아서 보고 있어. 필요한 강연이 유튜브에 많이 있더라고."

오 팀장도 소주를 비우며 말했다.

"고객들이 오 팀장 이야기를 많이 재미있어 하는 것 같아. 비결이라도 있어?"

"특별한 비결은 없지만, 준비하는 게 있어. 고객을 만나기 전에 오늘은 이 고객과 어떤 소통을 할까 하고 이야기를 준비해. 그래서 필요한 정보는 고객사 지인들에게도 물어보곤 해."

"과연 그런 노하우가 있었네. 역시 뭔가가 있었어. 이런 것을 후배들도 배워야 할 텐데."

오 팀장은 오랜만에 김 팀장과 공감되는 이야기를 한 것 같아서 기분이 좋았다. 25년간 근무하며 다양한 고객과 소통하다 보니 많은 에피소드도 있고, 노하우도 있다고 생각했다. '이런 것을 잘 정리해서 후배들에게 알려주면 좋겠는데' 하고 생각하고 있었다.

2020년 최대의 키워드는 아마 'COVID 19'가 아닐까 한다. 내 생활 패턴도 많이 바뀌었다. 일주일에 한 번 이상은 있었던 저녁 약속이 대폭 축소됐다. 지인들과 어울리는 교류가 줄어 애석하다. 하지만 여러 가지 다른 기회가 있었다. 상대적으로 시간이 더 생겨 책을 볼 수 있게 됐다. 또 술자리도 적어지니 건강도 더 좋아진 것 같다. 한편으로는 자영업으로 장사하는 분들의 사정이 걱정되기도 한다. 모두가 예측하지 못한 변화를 겪는 것 같다. 빨리 백신이 만들어져 일상으로 돌아갔으면 한다.

최근 전 세계적인 코로나 이슈는 직장인들의 소득과 일자리를 더욱 어렵게 만들고 있다. 자영업자와는 다른 불안함과 스트레스의 이중고 아래서 자신의 가치를 높이려는 노력을 하고 있다. 요즘은 책 읽기를 넘어 책 쓰기에 도전하는 직장인이 상당수 있다. 이런 사정을 고려해 직장인이 책을 써야 하는 이유는 많은 것 같다. 독서를 통해 자기계발을 많이 한다고 하는데, "요즘 독서는 생활이고, 진정한 자기계발은 책 쓰기다"라고 말하고 싶다. '한 권의 책을 써보면 수백 권의 독서를 한 것 보다 좋다'라는 이야기가 있다. 독서를 통해서도 지식을 얻지만, 책을 쓰면 자신만의 차별화된 지식을 만들 수 있다. 그리고 책을 통해 자신의 가치를 높일 수 있는 기회가 생긴다. 직장인에게는 애환이 얼마나 많은가? 회사에서 경험한 다양한 이야기를 풀어낼 수 있는 기회가 된다. 도전, 열정, 즐거움, 보람 등 자신이 겪은 무수한 이야기들 말이다.

사실 직장인들은 매일 글을 쓰고 있다. 2014년 한국생산성본부 조사에 의하면 직장인의 문서 작성 시간이 전체 업무의 35% 이상이라고 한다. 글을 잘 쓰고, 못 쓰고의 문제가 아니라 글쓰기가 생활화되어 있다는 이야기다. 어떻게 보면 직장인은 글쓰기의 달인이 아닌가 싶다. 보고서 쓰기 달인 말이다. 우리가 쓰는 보고서도 일종의 실용 글쓰기에 해당한다. 그래서 우리도 조금만 더 기술적으로 보완하면 좋은 책을 쓸 수 있다.

우선 직장인은 하루에도 상당량의 보고서, 메일 등을 쓰면서 글쓰기에 대한 준비가 되어 있다. 또한 다양한 소재거리가 있다. 어느 정도 경력을 가진 직장인이라면 직장생활의 에피소드, 자기만의 노하우, 경험을 통한 지혜 등이 있다. 또 마음속으로는 여건만 되면 내가 체험한 소중한 가치를 책으로 쓰고자 하는 소망이 있다. 어떤 버킷리스트 모음을 보니 많은 내용 중 책 쓰기 내용이 있었는데, 상위권에 랭크되어 있었다.

사실 나는 지금 큰 도전을 하고 있다. 바로 책 쓰기 도전이다. 평범한 직장인이었던 내가 책을 쓰는 모험을 하고 있다. 독서를 하면서 많은 지식, 지혜를 얻었다. 또 그 과정에서 내 마음이 성장하는 즐거움을 얻었다. 이를 바탕으로 확장해 책을 쓰는 즐거움도 가지려고 한다. 책을 쓰는 기술에 대해서 많은 도움을 받았다. 〈한국 책 쓰기 1인창업 코칭협회〉의 김태광 대표 코치님의 정규 책 쓰기 과정을 통해 책을 더 깊이 알게 됐다. 또 이런 도전을 할 수 있게 되어 감사한 마음을 전한다.

이 책은 직장생활을 시작하는 초급사원에게 도움이 될 만한 교과서 같은 내용이다. 사례를 찾고 에피소드를 찾으려 평소 적어두었던 메모를 들추었다. 몇 년 치 다이어리를 다시 보면서 주마등처럼 지나온 생활이 정리됐다. 좋은 일도 있었고, 아쉬운 일도 있고 반성하는 일 등 지금 생각해보니 모두 지금의 나를 있게 하는 좋은 추억들이다. 이 책을 쓰며 다음과 같은 경험을 하게 됐다.

첫째, 독서를 하면서 얻었던 지식, 지혜를 다시 리마인드 하게 되는 계기가 됐다. 독서를 하면서 좋은 글이나, 문장, 목차 등을 엑셀에 정리했다. 이것들 역시 다시 보게 되는 계기가 됐다. 책을 읽는 순간도 좋았지만 필요해 의해 다시 귀중한 것들을 들추어내는 기분은 '고이 간직한 보물 상자를 여는 기분'이랄까? 이번에 잘 봤으니 나중에 다시 볼 수 있다는 귀중함을 알았다.

둘째, '할 수 있다는 자신감'을 줬다. '언제 시간이 되면 나도 책을 한번 써보면 좋겠다'고 막연하게 희망했다. 이번 일을 통해 준비하고 도전하면 안 되는 일이 없다는 생각이 들었다. 더 큰 꿈을 꾸고, 계속 도전해보고 싶다.

셋째, 직장인들에게 책을 써보길 권한다. 직장에서 일하는 것이 그리 쉬운 일인가? 갖가지 즐거움과 어려움을 담아 볼 필요가 있다. 경력자라면 자신이 가지고 있는 경험, 노하우, 지혜를 담아 볼 수 있다. 초급사원은 입사하면서 생각한 초심과 적응하면서 겪은 에피소드도 좋은 글쓰기 재료가 될 수 있다.

실제 직장인에서 책을 써서 성공한 분들이 많다. 대기업 컴퓨터 개발 엔지니어에서 60여 권의 저서가 있는 베스트셀러《총각네 야채가게》의 김영한 작가가 있다. 또 IT 업계 전문가에서 여러 권을 저술한 오병곤 작가는 그의 저서《내 인생의 첫 책 쓰기》등이 있다. 이분들의 이야기를 들어보면 책 쓰기가 가장 좋은 공부였다고 한다. 책 쓰기에서 답을 찾은 분들이 아닌가 한다.

"오 팀장, 좋은 생각입니다. 오 팀장의 다양한 경험을 재미나게 풀어가고, 깊이 있는 노하우를 책에 담는다니 생각만 해도 기대됩니다."

이미 책을 써본 경험이 있는 인사담당 문 상무가 말했다.

"네, 상무님이 이렇게 이야기해주시니 용기가 납니다. 한번 도전해보고자 합니다."

오 팀장이 마음을 굳힌 듯 표정에서 책을 쓰고자 하는 의지가 보였다. 문 상무의 코칭 이후 오 팀장의 표정이 한층 밝아졌다. 요즘 코로나로 고객을 만나는 일도 많이 줄어들었다. 상대적으로 시간적 여유는 있었다. 하지만 마음이 편하지 않았다. 연말을 맞아 조금 불안한 마음도 있었지만 새로운 도전을 한다니 편해졌다. 무엇인가 도전을 한다고 생각하니, 초급사원 때의 초심이 다시 생기는 것 같다. 오늘도 다이어리 정리로 퇴근이 늦었다. '잘 정리된 나만의 노하우를 전수해주지' 하는 마음이 든다.

직장생활은 짧지도, 길지도 않다. 걱정만 한다고 해결되지 않는다. 새로운 것에 도전해볼 용기가 아직 남아 있지 않은가? 독서를 통해 얻는 지식도 좋다. 하지만 책을 쓰면 다른 측면의 배움이 있다. 매일 책 쓰기를 하고 있다고 생각해보자. 보고서 작성, 메일 쓰기 등을 통해 의식하지 못해서 그렇지 글쓰기의 기본기는 충분하다.
노벨문학상을 받으려는 글쓰기는 과감히 버리자. 우리가 찾는 책 쓰기는 책상에 앉아 매일 정리하는 다이어리 및 소통을 잘하는 메일 쓰기면 충분하다. 우리 직장인은 꿈이 있다. 다만 그 꿈을 잠시 내려놓았을 뿐이다. 내일을 위해 불안한 마음을 책에 담아보자. 그 꿈이 다시 그려질 것이다. 내가 모르는 나를 알게 된다. 이제 시작이다. 도전만 하면 된다.

고수는 알고, 초보는 모르는
직장생활 성공비법

제1판 1쇄 | 2021년 1월 10일

지은이 | 이종혁
펴낸이 | 손희식
펴낸곳 | 한국경제신문*i*
기획제작 | ㈜두드림미디어
책임편집 | 배성분 디자인 | 얼앤똘비악earl_tolbiac@naver.com

주소 | 서울특별시 중구 청파로 463
기획출판팀 | 02-333-3577
E-mail | dodreamedia@naver.com
등록 | 제 2-315(1967. 5. 15)

ISBN 978-89-475-4683-6 (03190)